자연이 준 선물 토종
약초주
108선

자연이 준 선물 도종
약효주 108선

지은이 | 김태숙
펴낸이 | 배기순
펴낸곳 | 하남출판사

초판1쇄 | 2011년 9월 30일
초판3쇄 | 2018년 2월 15일
등록번호 | 제10-0221호

서울시 종로구 관훈동 198-16 남도BD 302호
전화 (02)720-3211(代) | 팩스 (02)720-0312
홈페이지 http://www.hnp.co.kr
e-mail : hanamp@chollian.net

ⓒ 김태숙, 2011

ISBN 978-89-7534-200-4(13690)

※ 잘못된 책은 교환하여 드립니다.
※ 이 책의 무단전제와 무단복제를 금합니다.

자연이 준 선물 **토종**
약초주 108선

김태숙 지음

저 자 서 문
토종약초주 책을 내면서

    자연을 사랑하고 약초를 배우는 사람으로서 약초를 하나하나 알아가는 즐거움과 토종 약초의 좋은 효능을 접하는 감사함을 모아 토종 약초주에 관한 글을 적어봅니다.

    사람들에게 약초산행을 한다고 하면 흔히 사는 곳이 어디냐고 묻습니다. 아마도 지리산이나 강원도 깊은 산골에 살고 있는 것이라 생각하는 것 같습니다. 그런 곳에 거주하면서 약초산행을 한다면 더할 나위 없이 좋겠지만, 남편의 직장이나 아이의 학교 문제 때문에 아직은 도심에서 살고 있는 보통의 주부입니다.

    그러나 시골에 살지 않는다고 약초산행을 하지 못할 이유는 어디에도 없습니다. 처음에는 몸이 좋지 않아서 찾은 산이지만, 산에서 건강을 선물 받은 후에 산을 공부하게 되었고 지금은 좋은 약초를 널리 알려서 건강전도사가 되고자 하는 꿈까지 갖게 되었습니다.

    비가 오는 날에는 습한 기운으로 인해 몸이 무거워지고, 건조한 날에는 그 건조함을 피부로 느낄 수 있듯이 자연과 우리는 하나입니다. 우리가 자연의 일부임을 깨닫고 하루하루 자연에게서 여러 가지 지혜를 배우다보면, 몸과 마음의 건강은 자연스레 따라오기 마련인 것 같습니다.

    바로 가까운 곳에 우리가 필요한 것들이 펼쳐져 있는데, 그동안 모른 체하고 먼 곳만 바라보지 않았나 생각해 봅니다.

산행길에서 마주치는 사람들을 보면 가끔 마스크에 모자까지 완전무장을 한 분들이 보입니다. 그 분들을 보면서 사시사철 두건 한 장에 의지한 채 산행을 하는 나는 '너무 씩씩한 것인가?' 라는 생각이 들지만, 되도록 산의 공기를 많이 마시고 하늘과 땅을 좀 더 넓은 시야로 보고자 저는 늘 그 차림을 유지합니다. 오늘도 그렇게 산을 오릅니다.

약초산행을 시작하시는 분들께

주위를 돌아보면 우리에게 필요한 약초들이 지천으로 자라고 있습니다. 그렇지만 모르고 대하면 한낱 풀과 나무에 지나지 않겠지요? 처음 산행을 시작할 때는 다 같은 풀, 비슷한 나무인 듯한 것들이 관심으로 지켜보면 점차로 특성이 보이고 구분이 되기 시작할 것입니다. 계절에 따라 볼거리와 배울 거리를 찾아나서는 즐거움을 누려 보시기 바랍니다.

어디서 나서 어디로 가는지 모르고 살아가는 우리는 늘 바쁘기만 합니다. 또한 공허함으로 늘 부족함을 느껴 만족이 없고 가지려고만 합니다. 그러나 하늘이 키우는 야생의 자연은 완전하기에 가짐이 없어도 항상 여유롭고 겸허합니다.

누가 씨 뿌리지 않고 가꾸지 않아도 저절로 나게 하여 거두어 가는 대자연의 순리를 지켜보면, 산은 언제나 변함없이 나를 맞아주는 친구이고, 힘들 때 위로해 주는 어머니의 품이며, 자연의 순리를 가르치는 스승과 같습니다. 더불어 자신의 소중한 것을 아낌없이 내어 주는 보물창고이며, 나고 자라서 돌아가야 될 고향이기도 합니다.

이렇게 자연은 누구에게나 평등하며 봄, 여름, 가을, 겨울 언제나 우리를 반겨 줍니다. 건강한 몸이 있어 산행을 할 수 있고, 산이 있어 그 건강을 지킬 수 있습니다. 또 자연은 완전하여 우리들에게 필요한 것들을 다 내어놓습니다. 우리가 자연의 일부임을 배우고 자연과 동화되는 삶을 꿈꿔 봅니다.

약초산행의 마음가짐

약초산행을 처음 시작할 때는 무엇인가를 채취해야 한다는 생각이 앞서기도 합니다. 하지만 시간이 흐르면 무엇인가를 채취하지 못해도 산행을 하는 것만으로도 건강해지는 것을 느끼고, 자연을 알아가는 것만으로 감사함을 배우게 됩니다.

산과 들에는 우리가 알지 못해 그냥 밟고 지나칠 수 있는 풀들이 무수히 많습니다. 그러나 그것들은 모두 알고 나면 우리들에게 좋은 약초들입니다. 약초에 대해 한 가지씩 알아가는 즐거움이 병원과 멀어지는 건강함으로 이어지기를 기대해 봅니다.

먹을거리가 부족하던 옛 시절과는 달리, 요즘은 먹을거리가 너무 풍부하여 생기는 질병이 더 많습니다. 또한 방부제나 농약 등으로 인해 오히려 독이 되는 식품들도 많습니다. 자연에서 나고 자란 토종이 좋다는 것은 잘 알고 있지만, 그 양이 많지 않아 쉽게 접할 수 없음이 아쉬운 현실입니다. 그러기에 더욱 더 토종 약초들을 보호해야 한다는 마음으로 산행에 임해야 하겠습니다.

약초를 만났을 때

어린 약초는 효능이 떨어지기도 하지만, 성장을 위해서 보호해야 하며, 약초를 채취한 후에는 채취한 자리를 메워 주는 것이 기본입니다. 또 가을에는 약초들의 씨앗을 얻어 주위에 뿌려주어야 다음 채취를 기약할 수 있습니다. 더불어 약초는 꼭 필요만큼만 채취해야 하며, 채취한 약초는 정성으로 다듬어 소중하게 사용하도록 합니다.

약초라고 하여 모두 똑같은 약이 되는 것은 아닙니다. 재배한 것보다는 자연에서 자란 것들에게 좋은 약성을 기대할 수 있으며, 어린 약초보다는 오래된 약초에게서 더 좋은 효능을 기대할 수 있습니다. 때문에 어린 산삼은 가격이 없지만 오래된 산삼의 가치는 무한한 것입니다.

사실 평생을 공부해도 다 알 수 없는 것이 우리의 토종 약초들입니다. 때문에 약초에 대한 공부를 시작한 이후 항상 같이 하여 배움을 키워 주신 남창원 농협 전 지점장 박광수 사부님과 신용술 후배님께 감사의 말씀 드리고 싶습니다. 그리고 옆지기 문명섭님과 아들 문희진, 그 외에 부족한 약초꾼을 도와 소중한 시간 내어 주신 여러 분들께 고마운 마음을 전합니다. 앞으로도 자연사랑 약초사랑을 계속 이어가겠습니다.

김 태 숙

약초와 약초주
약초의 선택 Medicinal herb choice

같은 약초라고 해도 어디에서 자생하느냐에 따라 효능이 각기 다르며, 약초의 나이에 따라서도 효능이 달라진다.

밭둑이나 들에서 채취하는 약초는 농약을 직접적으로 뿌리지 않았다고 해도 비가 오면 다른 곳에서 농약성분이 흘러들 수 있다. 따라서 약초주의 재료로 쓰이는 약초는 반드시 산에서 자라는 것들을 채취하여 사용해야 한다. 또한 어린 약초들은 좋은 효능을 기대할 수 없고 성장할 때까지 보호해야 하므로 가능한 채취를 하지 않는 것이 좋으며, 잘 성장한 오래된 약초들을 채취하여 사용하는 것이 좋다.

약초의 부위별 이용법

1. **약초의 잎** : 어린 순은 차로 만들어서 이용하면 좋다. 잎이 자라면 나물이나 효소의 재료로 이용하며, 건조시켜 가루를 내거나 환으로 이용해도 좋다.

2. **약초의 줄기** : 잔가지는 채취하여 건조시킨 후 다려서 이용한다. 봄에는 나무줄기 껍질을 벗겨서 가루를 내거나 환으로 이용해도 좋다.

3. **약초의 열매** : 건조시켜 가루를 내거나 환으로 만들어 쓸 수 있고, 다려서 이용하기도 한다. 생것을 그대로 술에 담금하여도 좋다.

4. **약초의 뿌리** : 약초의 단단한 뿌리는 채취한 후 잘라서 다리거나 술에 담금하여 이용한다. 약초의 연약한 뿌리는 건조시켜 가루를 내거나 환으로 이용한다. 채취한 뿌리 그대로 술에 담금하여도 좋다.

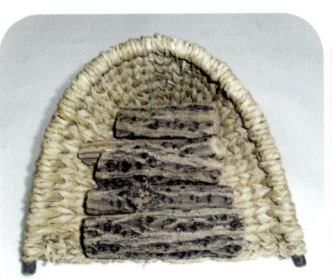  

약초의 부위별 담금법

1. **꽃을 담금할 때** : 만개 직전에 채취하는 것이 좋다.
2. **과실을 담금할 때** : 단단하고 싱싱한 과실을 얻기 위해 완전히 익은 것보다 익어가는 것을 채취하는 것이 좋으며, 벌레 먹은 것이나 상처가 있는 것을 피한다.
   또한 수분이 많은 과실은 담금 중에 변질될 우려가 있으므로 약초주의 알코올 도수를 높이거나, 담금하고 100일 후에 약초를 걸러낸 후 숙성시키면 보다 좋은 효능을 기대할 수 있다.
3. **뿌리를 담금할 때** : 가능한 오래된 것을 채취한다. 오래된 것일수록 더 좋은 효능을 기대할 수 있다.

술과 약초 Liquor and Medicinal herb

술의 도수

약초주를 담금에 사용하는 술은 알코올 도수가 높은 것일수록 좋다. 하지만 아무리 좋은 약술이라도 복용하기에 무리가 없어야 더 좋은 약술이 된다. 따라서 보통은 35도를 기준으로 술을 선정하지만, 만약 술을 전혀 하지 못하는 사람이라면 25도의 술에 담금하여도 좋다.

술과 약초의 비율

일반적으로 담금을 할 때 약초와 술의 비율은 약초 1 : 술 3 정도이다. 그러나 바싹 건조된 약초를 재료로 하여 담금할 때는 약초의 양에 5배까지 술을 넣어도 좋다.

약초주의 보관 Medicinal herb Liquor Storage

보관 장소

약초주를 보관하는 최적의 장소는 온도차가 적고 시원한 곳이다. 하지만 그렇다고 냉장 보관하는 것은 약초주의 숙성을 멈추게 하기 때문에 피해야 한다. 또 방이나 거실에 보관할 때는 햇빛이 들지 않는 곳을 선택한다.

보관 방법

1. 술을 담근 후에는 빠른 숙성을 위해 자주 흔들어주는 것이 좋다.
2. 숙성되는 도중에 용기를 개봉하면 약초주가 산화될 수 있으므로 피하는 것이 좋다.

복용법

약초주는 아침과 저녁으로 각각 한 번씩 복용하며, 1회 복용량은 15~30ml로 한다.

약초주는 약인 동시에 독이 될 수 있다. 약초를 술로 담가 법제하는 이유는 약성의 신속한 섭취를 위한 최선의 방법이며, 약초를 오래도록 보관할 수 있는 방법이기 때문이다. 그러나 약초주를 약으로 생각하지 않고 단순한 마실거리로 여겨 지나치게 복용하면 위와 간을 해칠 수 있다.

목 차

저자 서문   4
약초와 약초주   9

PART 01
꽃 & 잎으로 담그는 약초주 8선

구절초주	19
꿀풀주	21
만병초주	23
산국주	25
산목련주	27
생강나무주	29
아카시아주	31
엉겅퀴꽃주	33

PART 02
열매로 담그는 약초주 37선

가막살나무주	37
개다래주	39
구기자주	41
까마중주	43
꽈리주	45
꾸지뽕나무주	47
남정목주	49
노간주나무주	51
노박덩굴주	53
다래주	55
댕댕이덩굴주	57
도꼬마리주	59
돌배주	61
마가목주	63
모과주	65
박주가리주	67
배롱나무주	69
비목나무주	71
산머루주	73
산복숭아주	75

산사나무열매주	77
산수유주	79
산초나무열매주	81
여정목주	83
오갈피주	85
오배자주	87
전나무열매주	89
주목나무열매주	91
찔레나무주	93
청가시덩굴주	95
청미래덩굴주	97
초피나무열매주	99
탱자주	101
토사자주	103
하늘타리주	105
헛개나무주	107
회잎나무주	109

PART 03
줄기로 담그는 약초주 16선

감태나무주	113
담쟁이덩굴주	115
두충나무주	117
마삭줄주	119
비수리주	121
빼빼목주	123
사위질빵주	125
산청목주	127
속새주	129
엄나무주	131
으름덩굴주	133
자귀나무주	135
접골목주	137
천삼주	139
칠해목주	141
화살나무주	143

PART 04
뿌리로 담그는 약초주 40선

개머루덩굴주	147
고들빼기주	149
고본주	151
고삼주	153
구릿대주	155
나도하수오주	157
단풍마주	159
달맞이주	161
당귀주	163
독활주	165
돼지감자주	167
둥굴레주	169
머위주	171
방풍주	173
백선주	175
백작약주	177
복령주	179
산더덕주	181
산도라지주	183
산마주	185
산해박주	187
삽주주	189
세신주	191
소리쟁이주	193
수영주	195
시호주	197
연삼주	199
오이풀주	201
용담주	203
우슬주	205
위령선주	207
잔대주	209
하수오주	211
지치주	213
진삼주	215
짚신나물주	217

천마주	219
천문동주	221
백수오주	223
호장근주	225

PART 05
전초로 담그는 약초주 8선

맥문동주	229
백모근주	231
산삼주	233
삼지구엽초주	235
석창포주	237
와송주	239
일엽초주	241
조릿대주	243

PART 06
버섯 & 기타 약초로 담그는 약초주 13선

개능이버섯주	247
개회상황버섯주	249
굽더덕버섯주	251
노루궁뎅이버섯주	253
능이버섯주	255
송이버섯주	257
운지버섯주	259
차가버섯주	261
황철상황버섯주	263
겨우살이주	265
동백겨우살이주	267
노봉방주	269
동충하초주	271

알림글
산꾼의 약초방   272

PART 01

꽃&잎으로 담그는
약초주 8선

어디서 나서 어디로 가는지 모르고 살아가는 우리는 늘 바쁘기만 합니다. 또한 공허함으로 늘 부족함을 느껴 만족이 없고 가지려고만 합니다. 그러나 하늘이 키우는 야생의 자연은 완전하기에 가짐이 없어도 항상 여유롭고 겸허합니다.

잘 우러난 구절초주

구절초를 씻어서 살짝 말린 후
술에 담금한 모습입니다.

봄철에 산을 오르면
예쁜 모습으로 우리를 기다리는 자연이 있습니다.
바쁜 생활 속에서 잠시 틈을 내어
자연과의 인연을 시작해 봅니다.

구절초의 꽃은 만개하기 전에
채취하는 것이 좋다.

구절초주 야국, 선모초, 들국화

구절초는 보신 · 건위 작용을 하며, 소화불량 · 신경통 · 부인병과 여자들의 냉병 치료에 좋다.

구절초 · 산구절초 · 바위구절초 모두를 '구절초' 라 하며 약용한다. 꽃을 개화 직전에 채취하여 햇볕에 건조하여 그대로 쓰거나 술에 볶아서 쓰며, 깨끗이 씻어 말려서 베갯속으로도 쓴다.

구절초의 꽃은 월경불순 · 불임증 · 위냉(胃冷) · 소화불량을 치료한다. 민간에서 전초와 꽃 이삭을 열을 내리는데 쓰며, 폐렴 · 기관지염 · 기침 · 감기 · 목의 염증 치료에 쓴다.

꽃　찌거나 덖어서 차로 이용하거나, 깨끗이 씻어 물기를 제거한 후 담금

재료　구절초의 꽃 30g, 담금주용 소주(35도) 0.9L
채취　가을에 꽃을 채취한다.

❶ 꽃이 만개하기 전에 채취한다.
❷ 채취한 꽃을 흐르는 물에 살짝 씻어 햇볕에 말린다.
❸ 유리병에 재료를 넣고 35도 이상의 소주를 부은 후 밀봉한다.
❹ 담금 3개월이 지나면 음용이 가능하지만, 오랫동안 숙성시켜 마시면 더욱 맛이 부드러워진다.

:: **복용법**　취침 전 소주잔으로 한 잔 정도를 꾸준히 복용한다.
:: **주의점**　복용 시에 약간의 꿀이나 설탕을 가미하여 이용할 수 있지만, 약성을 최대한 높이고자 할 때에는 가미하지 않는 것이 좋다.

꿀풀의 꽃무리

누구에게나 아름다움을 간직한
화려한 날들에 대한 기억에 있을 것입니다.
그러나 그런 날들이 영원하지 못함을
자연에게서 배웁니다.

하고초의 꽃을 채취하여 담금주를 만들어 봅니다.

꿀풀의 꽃은 만개하기 전에
채취하도록 한다.

꿀풀주 하고초

꿀풀은 고혈압·폐결핵·갑상선 및 편도선염·간염 치료에 효험이 있다. 여름이면 시든다고 하여 '하고초(夏枯草)'라고도 부른다. 아카시아꽃과 함께 밀원식물로 많이 쓰인다. 화단에 심어 관상하거나 염료 식물로도 이용할 수 있다. 전초에 배당체·플라보노이드·수지·탄닌질·알칼로이드 성분이 함유되어 있다.

❋ 꿀풀의 꽃은 열을 내리고 해독하며 눈을 밝게 한다. 또한 고혈압과 갑상선염이나 편도선염 치료에도 쓴다.

꽃 말려서 담금
전초 생재를 효소로 이용, 말려서 다림

재료 꿀풀의 꽃 30g, 담금주용 소주(35도) 0.9L
채취 꽃을 늦은 봄에 채취한다.

❶ 꽃이 만개하기 전에 채취한다.
❷ 채취한 꽃을 흐르는 물에 살짝 씻어 햇볕에 말린다.
❸ 유리병에 재료를 넣고 35도 이상의 소주를 부은 후 밀봉한다.
❹ 담금 3개월이 지나면 음용이 가능하지만, 오랫동안 숙성시켜 마시면 더욱 맛이 부드럽다.

:: **복용법** 취침 전 소주잔으로 한 잔 정도를 꾸준히 복용한다.
:: **주의점** 기가 허한 사람이나 비위가 허약한 사람은 복용에 주의한다.

만병초의 잎과 가지
산행길.
힘들고 지치는 길이라기보다는,
생활 속에서 지친 몸과 마음을 내려놓는 곳이라 말하고 싶습니다.
한겨울에도 더운 여름에도 푸름을 간직하는 만병초입니다.
우리의 마음도 언제나 푸를 수 있기를 바라며
자연을 닮아가고픈 하루입니다.

만병초의 잎은 송이 째로 채취하여 손질하도록 한다.

만병초주 석낙엽, 뚝갈나무

만병초는 고혈압·저혈압·관절염·간경화증·심장병·두통·비만증 치료에 두루 쓰이는 약초이다.
잎을 '우피두견(牛皮杜鵑)'이라고 하는데, 생김새가 고무나무 잎과 유사하면서 광택이 있다. 이른 봄 또는 늦가을과 겨울에 잎을 따서 말려 쓴다. 잎에는 플라보노이드 성분이 함유되어 있다.

❈ 만병초의 잎을 술에 담가 복용하면 만성기관지염 치료에 효과가 있다고 알려져 있으며, 이질과 설사를 완화시키고 통증억제 작용과 항균 작용을 한다.

> 잎 독성이 있으므로, 소량을 말려서 다린 후 피부에 바르거나 말려서 담금

재료 만병초의 잎 50g, 담금주용 소주(35도) 2.3L
채취 만병초는 항상 잎이 푸르러 사철 채취가 가능하다. 겨울에 채취하면 더 좋은 효능을 기대할 수 있다.

❶ 만병초의 잎을 송이 째로 채취한다.
❷ 흐르는 물에 살짝 씻어 말린다.
  > TIP 햇볕에 말리면 푸른 색상이 변할 수 있으므로 그늘에서 말린다.
❸ 유리병에 재료를 넣고 35도 이상의 소주를 부은 후 밀봉한다.
❹ 담금 3개월이 지나면 음용이 가능하지만, 오랫동안 숙성시켜 마시면 더욱 맛이 부드럽다.

:: **복용법** 취침 전 만병초주에 효소나 생수를 1:1로 희석하여 소주잔으로 한 잔씩 꾸준히 복용한다.
:: **주의점** 예부터 만병초에는 '잘 쓰면 약이요, 잘못 쓰면 독이다.'라는 속담이 있다. 만병초의 잎에는 '안드로메도톡신'이라는 유독 성분이 함유되어 있어서 구토와 뇌빈혈을 유발시키고, 맥박이 느려지고 소변의 양이 줄어들며 설사가 나는 부작용을 겪을 수 있으므로 쓰는 양에 주의가 필요하다. 때문에 되도록 연하게 담그는 것이 좋다.

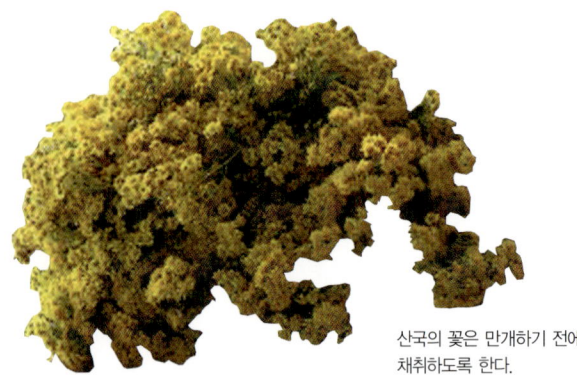

산국의 꽃은 만개하기 전에
채취하도록 한다.

산국의 꽃무리

욕심과 집착으로 살아가는 소인을
더 작아지게 만드는 자연입니다.
자연의 선물을 한아름,
마음에는 사랑을 가득.

산국화의 꽃을 채취하여
술에 담금해 봅니다.

산국주 야국, 봉래화

산국은 고혈압을 치료하고 두통완화와 피로회복에 좋은 효능이 있다. 가을에 꽃잎을 채취하여 술과 차와 떡으로 만들어 이용한다. 또한 말려서 베게 속에 넣고 자면 두통이 없어지면서 머리가 맑아진다고 한다.

✿ 예부터 국화로 담근 술은 뼈와 근육을 튼튼하게 하고, 눈과 귀를 밝게 한다고 전해진다. 또한 두통·복통·냉병·신경통·편두통·고혈압에 치료 효과가 있으며, 해열·건위·식욕증진·피로회복·소화불량 해소에 두루 효험이 있다.

꽃	찌거나 덖어서 차로 이용하거나, 말려서 담금
지상부	알맞은 크기로 자른 후 말려서 다림

재료 산국화의 꽃 30g, 담금주용 소주(35도) 0.9L
채취 꽃을 가을에 채취한다.

❶ 산국의 꽃이 만개하기 전에 채취한다.
❷ 채취한 꽃을 흐르는 물에 살짝 씻어서 햇볕에 말린다.
❸ 유리병에 재료를 넣고 35도 이상의 소주를 부은 후 밀봉한다.
❹ 담금 3개월이 지나면 음용이 가능하지만, 오랫동안 숙성시켜 마시면 더욱 맛이 부드럽다.

:: **복용법** 취침 전 소주잔으로 한 잔 정도를 꾸준히 복용한다.
:: **주의점** 적당한 양을 복용하면 혈액순환을 돕는 좋은 효능을 기대할 수 있지만, 지나치면 위와 간을 해칠 수 있다.

산목련의 꽃과 가지

내 속에는 긍정의 나와 부정의 나가 함께 존재하여
때로는 갈등을 하기도 합니다.
따뜻한 이불 속에서 나오기가 쉽지 않은 오늘.
긍정이 나의 손을 들어 산행 준비를 시작합니다.

예쁜 산목련꽃을 가지까지 잘라 그늘에 말려서
담금주를 만들어 봅니다.

산목련꽃을 담금할 때는
꽃과 잔가지를 같이 채취하면 더욱 좋다.

산목련주 신이

산목련은 두통 · 치통 · 축농증 · 코 막힘 치료에 쓴다. 연꽃을 닮았다는 의미에서 '목련(木蓮)'이라 하며, 한방에서는 '신이(辛夷)'라 하여 약용한다. 봉오리가 아직 피지 않았을 때 채취하여 말려서 쓴다. 개화 직전의 꽃봉오리가 가장 효능이 좋으며, 이미 개화된 것은 효과가 적고 시든 것은 좋지 않다.

향기가 좋아 꽃과 나무껍질을 향수나 방향제로 사용한다. 또 꽃을 말려 차를 끓여 먹으면 향이 좋은 차가 된다.

❁ 산목련의 꽃은 도꼬마리와 함께 비염 · 가려움증 · 현기증 등에 약재로 사용하면 효과가 좋다.

꽃 그늘에 말리고 다려서 차로 이용하거나, 말려서 담금

재료 산목련꽃 50g, 담금주용 소주(35도) 1.6L
채취 이른 봄, 꽃이 피기 전에 꽃봉오리를 채취한다.

❶ 꽃이 피기 전에 꽃봉오리와 잔가지를 채취한다.
  TIP 꽃봉오리만 채취하여 담금하여도 좋다.
❷ 채취한 꽃봉오리를 손질하여 그늘에서 말린다.
  TIP 그늘에서 말리면 꽃의 색이 변하지 않는다.
❸ 유리병에 재료를 넣고 35도 이상의 소주를 부은 후 밀봉한다.
❹ 담금 3개월이 지나면 음용이 가능하지만, 오랫동안 숙성시켜 마시면 더욱 맛이 부드럽다.

:: **복용법** 취침 전 소주잔으로 한 잔 정도를 꾸준히 복용한다.
:: **주의점** 음허(陰虛)하여 손과 발, 가슴에 열이 오르고 입 안이 건조한 환자는 복용을 삼가한다.

생강나무의 꽃과 가지

누구에게 보여주기 위함도 아니고
자랑하기 위함도 아니고
어떤 바람이 있어서도 아닐 것입니다.
이렇게 아름답게 자신을 가꾸어온 자연에
늘 감사할 뿐입니다.

오랜만에 생강나무꽃 향기에 취해봅니다.
예쁜 생강나무의 꽃가지들.

생강나무꽃을 담금할 때는
꽃과 잔가지를 같이 채취한다.

생강나무주 황매목

생강나무는 타박상과 어혈을 치료하고 산후풍에 특효가 있다. 잎이나 가지를 꺾으면 생강 냄새가 난다고 하여 '생강나무'라고 하며, 꽃이 노랗다고 하여 '황매목'이라고도 한다. 생강나무의 씨앗으로 짠 기름을 '동백기름' 이라 하여 머릿기름으로 사용하였으며, 전기가 없었던 시절에는 등불용 기름으로도 쓰였다.

생강나무의 꽃은 해열·소종의 효능이 있으며, 멍든 피를 풀어주는 작용을 한다. 또한 산후풍·오한·신경통·복통·통증·타박상 등의 치료에 사용한다.

뿌리 말려서 담금, 말려서 다림
줄기 알맞은 크기로 잘라서 말려 다림
꽃과 잎 채(어린 잎), 생재를 효소로 발효
열매 물기를 제거한 후 담금, 싱싱할 때 효소로 발효

재료 꽃이 달린 잔가지 100g, 담금주용 소주(35도) 1.6L
채취 꽃이 피기 시작하는 이른 봄에 꽃과 가지를 채취한다.

❶ 생강나무의 꽃과 잔가지를 함께 채취한다.
   TP 꽃봉오리만 채취하여 담금하여도 좋다.
❷ 채취한 꽃을 흐르는 물에 살짝 씻어서 햇볕에 말린다.
❸ 유리병에 재료를 넣고 35도 이상의 소주를 부은 후 밀봉한다.
❹ 담금 3개월이 지나면 음용이 가능하지만, 오랫동안 숙성시켜 마시면 더욱 맛이 부드럽다.

:: **복용법** 취침 전 소주잔으로 한 잔 정도를 꾸준히 복용한다.
:: **주의점** 생강나무꽃은 산수유꽃과 생김새와 색깔이 비슷하여 혼동의 우려가 있으니 주의해서 채취하도록 한다. 생강나무꽃은 산수유꽃보다 향이 진하고 가지를 잘라서 씹으면 생강 냄새가 난다.

아카시아의 꽃과 가지
아카시아 향기가 사람을 산으로 부르는 듯합니다.
잠시 시간을 내어
그 부름에 따라 아카시아를 만나러 나서봅니다.
할 일도 많고, 가고 싶은 곳도...
만나야 할 친구도 많은데
모두 사양하고 아카시아를 따라나서는 나.

무슨 힘이 나서 이토록 산으로만 향하는지
깊은 생각에 빠져도 봅니다.

아카시나무의 꽃을 담금할 때는
꽃과 잔가지를 같이 채취하면 더욱 좋다.

아카시아주 자괴화, 아가시나무, 아까시나무

아카시아나무에는 지혈 작용이 있어 폐결핵으로 인한 각혈과 부인의 자궁 출혈에 쓴다.
꽃이 많이 피고 꿀이 들어 있어서 양봉 시에 밀원 식물로 가치가 높다. 꽃이 활짝 핀 다음 따서 햇볕에 말려 쓴다. 떨어진 것도 쓸 수 있다.
꽃에는 플라보노이드 성분이 함유되어 있는데 대부분이 로비닌이다. 로비닌 성분은 이뇨 작용이 있으므로 신장 질환과 방광염 치료에 쓰인다. 이 밖에 기침이나 기관지 천식 치료에 사용한다.

꽃 싱싱할 때 채취하여 효소로 이용, 말려서 담금

재료 아카시아꽃(또는 꽃가지) 200g, 담금주용 소주(35도) 2.3L
채취 아카시아꽃을 늦은 봄에 채취한다.

❶ 아카시아꽃이 피어 있는 잔가지를 채취한다.
   TIP 꽃만 채취하여도 좋다.
❷ 채취한 꽃을 흐르는 물에 잘 씻어서 햇볕에 말린다.
❸ 유리병에 재료를 넣고 35도 이상의 소주를 부은 후 밀봉한다.
❹ 담금 3개월이 지나면 음용이 가능하지만, 오랫동안 숙성시켜 마시면 더욱 맛이 부드럽다.

:: **복용법** 취침 전 소주잔으로 한 잔 정도를 꾸준히 복용한다.
:: **주의점** 아카시아의 어린 잎은 신체에 과민 반응을 일으키고 중독 증상이 나타날 수 있다. 또한 아카시아의 나무껍질에는 독이 있으며, 유독한 단백질과 유독한 Glucoside 성분을 함유하고 있으니 사용에 주의한다.

엉겅퀴의 꽃(위)과 채취한 모습(아래)

하늘을 나는 새는 누가 먹여주지 않지만 그대로 여유롭게 살아가고
산과 들의 야생초들도 누군가 거두지 않아도 그대로 잘 자라서 우리를 이롭게 합니다.
가지고자 하는 마음을 버리고 살아간다면 우리도 그들처럼 여유롭지 않을까요?

엉겅퀴꽃을 따서 잎과 꽃을 분리하여 살짝 씻어서 말렸습니다.
담금주가 잘 우러나기를 바라봅니다.

엉겅퀴꽃주 가시나물, 대계

엉겅퀴는 어혈을 풀고 정력을 보강하는 효능이 있다. 여름과 가을, 꽃이 활짝 피었을 때에 포기를 베어 줄기 밑동 아래 죽은 잎은 떼고 햇볕에 말려 쓴다. 여름보다 가을에 채취한 것이 약성이 더 좋다. 전초에 알칼로이드와 정유를 함유하고 있다.

❋ 엉겅퀴의 꽃은 열을 내리고, 출혈을 멈추며, 어혈(瘀血)을 삭이고 부스럼을 낫게 한다. 토혈 · 코피 · 부정자궁출혈 등 여러 가지 출혈과 대하 · 부스럼 · 어혈 해소에 쓴다.

꽃 채취하여 깨끗이 세척한 후 물기를 제거하고 담금

재료 엉겅퀴의 꽃 50g, 담금주용 소주(35도) 1.6L
채취 꽃을 여름에 봉오리 째 채취한다.

❶ 엉겅퀴의 꽃을 만개하기 전에 채취한다.
❷ 채취한 꽃을 흐르는 물에 살짝 씻어 그늘에 말린다.
❸ 유리병에 재료를 넣고 35도 이상의 소주를 부은 후 밀봉한다.
❹ 담금 3개월이 지나면 음용이 가능하지만, 오랫동안 숙성시켜 마시면 더욱 맛이 부드럽다.

:: **복용법** 취침 전 소주잔으로 한 잔 정도를 꾸준히 복용한다.
:: **주의점** 위약(胃弱)으로 인한 설사 및 심한 빈혈이 있거나 비위(脾胃)가 약하고 식욕이 부진한 사람은 복용하여도 별다른 효능을 볼 수 없으니 주의한다.

PART 02

열매로 담그는
약초주 37선

누가 씨 뿌리지 않고 가꾸지 않아도, 저절로 나게 하여 거두어 가는 대자연의 순리를 지켜봅니다. 이처럼 산은 언제나 변함없이 나를 맞아주는 친구이고, 힘들 때 위로해 주는 가족의 품이며, 자연의 순리를 가르치는 스승이기도 합니다. 더불어 자신의 소중한 것을 아낌없이 내어 주는 보물창고입니다.

가막살나무를 담금할 때는
열매와 잔가지를 같이 채취한다.

가막살나무의 열매

약초산행이라 하지만
갈 때마다 약초를 만나는 것은 아닙니다.
자연에게 베푼 것이 따로 있지 않으니,
약초를 예약할 수는 없는 일입니다.

늦은 가을에 산행을 하다보면,
붉은색으로 눈을 유혹하는 열매가 있습니다.
바로 가막살나무 열매입니다.
줄기와 열매를 함께 채취하여
알맞은 병에 넣어 담금해 봅니다.

가막살나무주 협미, 계미

가막살나무는 꽃은 관상용으로 심거나, 외과질환에는 생것을 짓찧어 환부에 붙인다. 말린 것을 가루로 빻아 뿌리기도 한다.

❋ 열매의 맛은 달며 독은 없다. 종기로 인한 발열·감기·이질·어혈 치료와 소화를 촉진 하는데 효험이 있다.

열매 말려서 다리거나 말려서 담금
줄기 알맞은 크기로 자른 후 말려서 다림, 말려서 담금

재료 가막살나무 열매 200g, 담금주용 소주(35도) 2.3L
채취 가을에 익어가는 열매를 채취한다.

❶ 열매만 채취하여도 무방하지만 가지와 열매를 함께 채취하여 담그면 보기에도 좋고 더 잘 우러난다.
❷ 흐르는 물에 열매가 으깨지지 않게 살짝 씻어 햇볕에 말린다.
❸ 유리병에 재료를 넣고 35도 이상의 소주를 부은 후 밀봉한다.
❹ 담금 3개월이 지나면 음용이 가능하지만, 오랫동안 숙성시켜 마시면 더욱 맛이 부드럽다.

:: **복용법** 취침 전 소주잔으로 한 잔 정도를 꾸준히 복용한다.
:: **주의점** 식욕을 증진시키고 피부미용에 좋다. 또한 뭉친 피를 통하게 하고 부기를 가라앉히는 효능이 있다. 뱀독을 제거하는데 사용하기도 한다.

개다래의 열매 무리

약초산행을 하려면 어느 산이 좋은지
묻는 분들이 계십니다.
유명한 산, 멀리 있는 산이 아니라
집 근처에서부터 이곳저곳을 다니다 보면
가까이에서도 좋은 약초들을 만날 수 있습니다.
다만 다른 사람의 발길이 없는 곳이라면 더욱 좋겠지요.

가을날 산행에서 만난 개다래입니다.
채취한 개다래를 씻어서 반 건조하여 담금을 준비합니다.

개다래의 열매는 너무 익지 않은
것으로 골라서 채취한다.

개다래주 목천료, 쉬젓가래

우리가 흔히 알고 있는 다래는 맛이 달아 식용이 가능하지만, 개다래는 먹으면 입안이 얼얼하고 매워서 생으로는 먹을 수 없다. 개다래의 벌레집을 '충영'이라고 하는데 열매와 더불어 술에 담가 복용할 수 있다.

※ 개다래의 열매 및 충영은 혈액 속에 있는 요산의 수치를 내리는 효능이 있다. 때문에 통풍의 고통을 덜어 준다.

열매 물기를 제거한 후 담그거나 생재를 효소로 발효
줄기 알맞은 크기로 자른 후 말려서 다림

재료 개다래 열매 200g, 담금주용 소주(35도) 1.6L
채취 개다래는 열매가 익어가는 가을에 채취한다.
　　　 벌레집(충영)도 같은 시기에 채취한다.

❶ 개다래 열매는 너무 익지 않은 것들로 골라 채취한다.
❷ 채취한 열매를 흐르는 물에 살짝 씻어 햇볕에 말린다.
　 TIP 장마철에는 건조기를 이용하여 실내에서 말린다.
❸ 유리병에 재료를 넣고 35도 이상의 소주를 부은 후 밀봉한다.
❹ 담금 3개월이 지나면 음용이 가능하지만, 오랫동안 숙성시켜 마시면 더욱 맛이 부드럽다.

개다래의 건조 과정

:: **복용법** 취침 전 소주잔으로 한 잔 정도를 꾸준히 복용한다.
:: **주의점** 음식을 과식해서는 안 되는 것과 같이 술도 과량 복용하면 호흡 작용이 마비되므로 한꺼번에 너무 많이 마시지 않도록 한다.

잘 익은 구기자 열매

우리가 자연의 일부임을 알기에
자연을 사랑하고 자연과 하나가 되어
건강을 선물로 받습니다.

늦은 가을에 구기자를
야생에서 만나는 행운이 있었습니다.
채취 후 알맞게 다듬고 잘 말린 후 예쁜 병에 풍당!
빛깔이 고운 구기자주를 담가 봅니다.

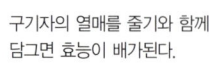

구기자의 열매를 줄기와 함께
담그면 효능이 배가된다.

구기자주 일본고치낭, 개고치낭

구기자는 나무에 가시가 있는 것과 없는 것이 있다. 열매를 말린 것을 '구기자'라 하고, 뿌리껍질을 말린 것을 '지골피(地骨皮)', 어린 줄기의 잎을 '구기엽(枸杞葉)'이라고 하여 모두 약용한다. 떫거나 쓴맛이 없어 채취하여 생(生)으로 이용할 수도 있다.

❀ 구기자에는 알칼로이드와 비타민 등이 들어 있어, 간을 보호하고 눈을 밝게 하는 효능이 있다. 따라서 눈이 침침하거나 눈앞이 아찔한 증상이나 어지럼증을 치료하는 효과가 있다. 또한 예부터 젊음을 주고 오래 살게 하는 불로장생(不老長生)약으로 통한다.

| 열매 | 물기를 제거한 후 담그거나 말려서 다림 |
| 줄기 | 알맞은 크기로 자른 후 말려서 다림, 말려서 담금 |

재료 구기자 열매와 줄기 100g, 담금주용 소주(35도) 1.6L
채취 가을에 익어가는 열매를 채취한다.

❶ 구기자의 열매를 줄기와 함께 채취한다.
   TP 줄기와 함께 채취하여 담그면 효능이 배가됨과 동시에 두고 보는 즐거움까지 기대할 수 있다.
❷ 채취한 열매를 흐르는 물에 살짝 씻어 햇볕에 말린다.
❸ 유리병에 재료를 넣고 35도 이상의 소주를 부은 후 밀봉한다.
❹ 담금 3개월이 지나면 음용이 가능하지만, 오랫동안 숙성시켜 마시면 더욱 맛이 부드럽다.

:: **복용법** 취침 전 소주잔으로 한 잔 정도를 꾸준히 복용한다.
:: **주의점** 비장의 음양이 부족하여 설사하는 사람이나 외사(外邪)로 인해 갑작스럽게 심한 열이 발생한 사람은 복용을 삼가한다.

까마중의 꽃과 잎

까마중 열매 무리

늦은 가을날에
까마중 열매가 익기를 기다립니다.
자연에는 우리가 어찌할 수 있는 일이 없습니다.
아무리 급해도 순리에 따르는 일을
배우게 해주는 자연입니다.

까마중 열매가 까맣게 잘 익어가는 계절입니다.
익어가는 까마중 열매를 감사의 마음으로 대해봅니다.
꼭 필요한 만큼만 채취하여 담금을 합니다.

까마중주 까마종이, 개삼동

검은 열매가 마치 중의 머리와 비슷하다고 하여 '까마중'이라고 부른다. 뿌리를 '용규근', 종자를 '용규자'라고 하여 약용한다.
쓴맛이 있으므로 어린 순을 나물로 먹을 때에는 데쳐서 충분히 우려낸 다음에 이용한다.
까마중에는 다양한 알칼로이드 성분이 함유되어 있으며, 씨앗에는 지방유가 포함되어 있다. 염증을 제거하고 암을 억제하는 작용이 있다. 가래를 없애고 기침을 멈추는 작용도 한다.

열매 물기를 제거한 후 담금
전초 이른 봄에 생재를 효소로 발효

재료 까마중의 열매 30g 담금주용 소주(35도) 0.9L
채취 열매를 가을에 채취한다.

❶ 열매가 익어갈 때 줄기와 함께 채취한다.
❷ 채취한 열매를 흐르는 물에 살짝 씻어 햇볕에 말린다.
❸ 유리병에 재료를 넣고 35도 이상의 소주를 부은 후 밀봉한다.
❹ 담금 3개월이 지나면 음용이 가능하다.
❺ 마르지 않은 열매를 사용한 경우에는 담금 3개월 후에 재료를 걸러내고 오랫동안 숙성시켜 음용하면 더욱 부드러운 맛을 기대할 수 있다.

:: **복용법** 취침 전 소주잔으로 한 잔 정도를 꾸준히 복용한다.
:: **주의점** 너무 많은 양을 쓰면 두통·복통·구토·설사와 같은 중독증상이 나타날 수 있으므로 쓰는 양에 주의하여야 한다. 또 가능한 생것으로는 이용하지 않도록 한다.

잘 익은 꽈리 열매

언제나 그 자리를 지키고
오면 오는대로 가면 가는대로
그렇게 우리에게 바라는 것 없이 받아주고
베풀어주기만 하는 자연 속으로
오늘도 염치없이 발길을 옮깁니다.

꽈리 열매가 익어가는 가을입니다.
열매를 채취하여 꽈리주를 담가봅니다.

꽈리의 열매는 겉껍질을 제거한 후
담금하도록 한다.

꽈리주 산장, 등롱

꽈리의 뿌리를 '산장근(酸漿根)', 익은 열매를 '괘금등(掛金燈)'이라고 하여 모두 약용한다. 꽈리 중에는 특히 직접 열매를 따먹는 식용꽈리가 있는데, 일반꽈리에 비해 당도가 높고 맛이 좋으며 효능도 더 뛰어나다.

※ 꽈리의 열매는 예부터 이뇨제 · 해열제 · 진해제 등으로 널리 사용되었다.

열매 물기를 제거한 후 담금
전초 이른 봄에 생재를 효소로 발효

재료 꽈리 열매 100g, 담금주용 소주(35도) 0.9L
채취 가을에 너무 익지 않은 열매를 채취한다.

❶ 익어가는 열매를 채취한다.
❷ 열매의 겉껍질을 제거하고 흐르는 물에 살짝 씻어서 물기를 제거한다.
❸ 유리병에 재료를 넣고 35도 이상의 소주를 부은 후 밀봉한다.
❹ 담금 3개월이 지나면 음용이 가능하다.
❺ 열매 자체에 수분이 많기 때문에 담금 3개월 후에 재료를 걸러내고 오랫동안 숙성시켜 음용하면 더욱 부드러운 맛을 기대할 수 있다.

:: **복용법** 취침 전 소주잔으로 한 잔 정도를 꾸준히 복용한다.
:: **주의점** 예부터 민간에서는 부작용이 우려되어 임산부에게는 절대 복용을 금한다고 한다.

꾸지뽕나무 담금주

우리는 언제든 갈 곳이 있어 행복한 사람들입니다.
산은 우리들의 보물창고이자
몸과 마음을 치료해주는 종합병원과 같지요.
이 산이 오늘은 무엇을 보여줄런지
설레는 마음으로 발길을 서두릅니다.

탐스러운 모습으로 반겨주는 꾸지뽕나무 열매.
그 자연의 선물에 감사하는 마음을 담아봅니다.

꾸지뽕나무의 열매와 가지를 함께 넣어 담그면
훨씬 더 잘 우러난다.

꾸지뽕나무주 굿가시나무, 활뽕나무

꾸지뽕나무는 자궁암과 자궁근종에 특효약이다. 특히 야산에서 만나는 꾸지뽕나무는 잎과 열매에서 뿌리까지 모두 약용으로 쓰인다. 나무는 '자목', 수피는 '자목백피', 잎은 '자수경엽', 열매는 '자수과실'이라고 한다.
꾸지뽕나무 열매를 지속적으로 섭취하면 머리카락이 검게 되고 신장 기능이 좋아진다.

잎   채(어린 잎), 생재를 효소로 발효
열매   물기를 제거한 후 담금, 싱싱할 때 효소로 발효
줄기   알맞은 크기로 잘라서 말려 다림
뿌리   말려서 담금, 말려서 다림

재료   꾸지뽕나무 열매 300g, 담금주용 소주(35도) 2.3L
채취   익어가는 열매를 가을에 채취하며, 뿌리와 줄기는 겨울에 채취하여 이용한다.

❶ 꾸지뽕나무의 열매를 채취한다.
　TIP 열매만 채취하여도 무방하지만 가지와 열매를 함께 채취하여 담그면 보기에도 좋고 더 잘 우러난다.
❷ 흐르는 물에 열매가 으깨지지 않게 살짝 씻어 햇볕에 말린다.
❸ 유리병에 재료를 넣고 35도 이상의 소주를 부은 후 밀봉한다.
❹ 담금 3개월이 지나면 음용이 가능하다.
❺ 마르지 않은 열매를 사용한 경우에는 담금 3개월 후에 재료를 걸러내고 오랫동안 숙성시켜 음용하면 더욱 부드러운 맛을 기대할 수 있다.

:: **복용법**   취침 전 소주잔으로 한 잔 정도를 꾸준히 복용한다.
:: **주의점**   비위허한(脾胃虛寒)하여 설사를 하는 사람은 복용을 삼가한다.

남정목의 열매는 완전히
익지 않은 것으로 채취한다.

남정목의 열매 무리

산이 있어 행복한 아침입니다.
하지만 막상 길을 나서면
발길 돌릴 곳이 마땅치 않습니다.
계절을 참고하고 채취하고픈 산야초를 생각하며
느낌으로 갈 곳을 정합니다.
어느 것 하나 내가 심어 놓은 것은 없기에
늘 빈 마음으로 출발합니다.

가을의 남정목 열매입니다.
잘 말려 담금주를 만들어 봅니다.

남정목주 쥐똥나무, 검정알나무

남정목은 당뇨병을 비롯하여 고혈압이나 양기부족을 치료하고 여러 가지 암 또는 이명증 치료에 뛰어난 효과가 있다. 열매가 쥐똥을 닮았다하여 '쥐똥나무'라는 이름으로도 불린다.

❋ 열매를 '남정실'이라고 하는데, 겨울철에 새까맣게 익은 것을 따서 건조시킨 후 가루 내어 먹거나 달여서 먹으면 위와 간, 신장이 튼튼해진다.
여정목이라고 하는 광나무와 유사한 효능을 가지고 있다. 보통 남성에게는 남정목, 여성에게는 여정목이 좋은 약효를 발휘한다.

잎 차(어린 순)로 이용
열매 말려서 담금, 싱싱할 때 효소로 발효

재료 남정목 열매 30g, 담금주용 소주(35도) 0.9L
채취 익어가는 열매를 늦은 가을에 채취한다.

❶ 남정목의 익어가는 열매를 채취한다.
❷ 채취한 열매를 흐르는 물에 살짝 씻어 햇볕에 말린다.
❸ 유리병에 재료를 넣고 35도 이상의 소주를 부은 후 밀봉한다.
❹ 담금 3개월이 지나면 음용이 가능하지만, 오랫동안 숙성시켜 마시면 더욱 맛이 부드럽다.

:: **복용법** 취침 전 소주잔으로 한 잔 정도를 꾸준히 복용한다.
:: **주의점** 재배한 것은 약효가 떨어지며, 산에서 야생으로 자란 것이 좋다.

가을철의 노간주나무
맑고 드높은 하늘만큼이나
넓은 마음을 갖고 싶은 아침입니다.
가슴이 두근거립니다.
가고자 하는 곳이 있기 때문입니다.

노간주나무 열매인 두송실이 익어가는 중입니다.
열매가 달린 나무줄기를 알맞게 잘라내어
술에 담가봅니다.

노간주나무는 열매 뿐 아니라
잔가지를 함께 채취하여 담금하여도 좋다.

노간주나무주 노가지나무, 노간주향

노간주나무는 류머티즘성 관절염과 통풍, 신장질환 치료에 효험이 있다.
노간주나무의 열매를 '두송실' 이라고 하는데, 술과 차로 이용된다. 잘 익은 열매가 더 효과가 좋기 때문에 열매 채취는 늦가을에 하는 것이 좋다.
두송실로 만든 술은 좋은 향기가 있으며, 장기를 튼튼하게 하는 효능이 있다. 따라서 장기간 복용하면 기관지염 치료에 효과적이다.

열매 말려서 담금하거나 차로 이용
줄기 알맞은 크기로 잘라서 말려 다리거나 말려서 담금

재료 노간주 열매(또는 잔가지) 200g, 담금주용 소주(35도) 1.6L
채취 익어가는 열매를 늦은 가을에 채취한다.

❶ 노간주의 익어가는 열매를 채취한다.
  TIP 잔가지를 함께 채취하여도 좋다.
❷ 채취한 열매를 흐르는 물에 살짝 씻어 햇볕에 말린다.
❸ 유리병에 재료를 넣고 35도 이상의 소주를 부은 후 밀봉한다.
❹ 담금 3개월이 지나면 음용이 가능하지만, 오랫동안 숙성시켜 마시면 더욱 맛이 부드럽다.

:: **복용법** 취침 전 소주잔으로 한 잔 정도를 꾸준히 복용한다.
:: **주의점** 노간주나무에 함유된 정유성분은 이뇨 작용이 있기 때문에 소변을 나오게 하며 붓기를 빼주는 효능이 있으나 양을 조절하지 못하면 부작용이 생길 수 있다.

노박덩굴의 열매들

약초산행 중에는 이름도 성도 모르는 들풀 하나에서도
희망을 만나고 감사함을 만나게 됩니다.

가을날의 산을 화려하게 장식한 노박덩굴입니다.
한 폭의 그림이며 한 송이의 꽃으로 마음 속에 다가오지만,
산꾼에게는 약초의 모습이 보입니다.
자연의 고마운 선물을 고이 모셔 와
작은 병에 넣어 늘씬하게도 연출해 봅니다.

노박덩굴의 열매는 열매가 달린
잔가지와 함께 채취하여 담금하면 더욱 좋다.

노박덩굴주 남사등

노박덩굴은 혈액순환 효과가 있어 생리통을 완화시키며, 관절염과 근골통 치료에 효험이 있다. 노박덩굴의 뿌리를 '남사등근', 잎을 '남사등엽'이라고 부르며 모두 약용한다.

❀ 노박덩굴의 열매에는 다량의 지방유가 함유되어 있어 정신안정 작용과 진정 작용, 혈압강하 작용을 하며, 술로 이용하면 풍습을 제거하고 혈액순환을 돕는다.

잎	채(어린 순)로 이용
열매	말려서 다리거나 말려서 담금
줄기	알맞은 크기로 잘라서 말려 다리거나 말려서 담금

재료 노박덩굴 열매가 달린 잔가지 30g, 담금주용 소주 (35도) 0.9L

채취 가을에 익어가는 열매와 가지를 함께 채취한다.

❶ 열매가 매달려 있는 잔가지를 채취한다.
　　TIP 열매만 채취하여도 좋다.
❷ 채취한 재료를 흐르는 물에 살짝 씻어 햇볕에 말린다.
❸ 유리병에 재료를 넣고 35도 이상의 소주를 부은 후 밀봉한다.
❹ 담금 3개월이 지나면 음용이 가능하지만, 오랫동안 숙성시켜 마시면 더욱 맛이 부드럽다.

:: **복용법** 취침 전 소주잔으로 한 잔 정도를 꾸준히 복용한다.
:: **주의점** 다량으로 복용하면 심장 박동을 정지시키므로 쓰는 양에 조절이 필요하다.

익어가는 다래 열매들

힘들여 농사를 짓지 않아도
건강한 두 손과 두 발이 있어
산으로 발길을 옮기면 자연의 선물을 만날 수 있습니다.

다래덩굴의 군락에서 다래들을 채취합니다.
작은 병에 담아 깊은 맛으로 우러나기를
기대해 봅니다.

다래 열매는 꼭지를 떼어내고
손질한 후 세척한다.

다래주 미후도

다래는 위암·식도암·유방암·간염·관절염 치료에 효험이 있다. 어린 잎은 나물로 식용하고, 열매는 즙을 내어 먹거나 술과 잼 등으로 이용한다.

- 열매의 맛은 달면서 시다. 탄수화물·아스코르브산·당·비타민C·유기산·펙틴질 등이 함유되어 있어 식욕부진과 갈증을 해소하고 해열제로 쓰인다. 건위·강심·강장 작용을 하며, 피로회복과 미용에도 좋다.

잎	차(어린 순)로 이용, 물기를 제거한 후 효소로 이용
열매	싱싱할 때 효소로 이용, 물기를 제거한 후 담금
줄기	알맞은 크기로 잘라서 말려서 다림

재료 다래 열매 100g, 담금주용 소주(35도) 0.9L
채취 이른 가을에 익어가는 다래 열매를 채취한다.

1. 다래 열매를 채취하여 꼭지를 따서 손질한다.
2. 손질한 열매를 흐르는 물에 씻어서 물기를 제거한다.
3. 유리병에 재료를 넣고 35도 이상의 소주를 부은 후 밀봉한다.
4. 담금 3개월이 지나면 음용이 가능하다.
5. 열매 자체에 수분이 많기 때문에 담금 3개월 후에 재료를 걸러내고 오랫동안 숙성시켜 음용하면 더욱 부드러운 맛을 기대할 수 있다.

:: **복용법** 취침 전 소주잔으로 한 잔 정도를 꾸준히 복용한다.
:: **주의점** 비위(脾胃)를 차게 하므로 허한(虛寒)한 사람은 복용에 주의한다.

잘 익은 댕댕이덩굴의 열매

기대가 있어 실망이 있었고,
집착이 있어 마음이 힘든 우리에게
무언의 메시지를 전해주는 자연입니다.

푸른 하늘과 잘 어우러진 댕댕이덩굴의 열매입니다.
줄기가 질겨서 산행 중 끈으로 사용하기도 합니다.
댕댕이덩굴 열매를 채취하여
술에 담금하여 봅니다.

댕댕이덩굴은 열매와 덩굴을
함께 채취한다.

댕댕이덩굴주 목방기

댕댕이덩굴의 뿌리를 '목방기'라고 하여 약용한다. 줄기는 탄력성이 있어 바구니 등을 짜는데 쓴다. 어린 순은 나물로 이용하며, 잎과 꽃이 조화를 이루어 모양이 아름다워 정원의 관상수로도 이용된다.

❋ 댕댕이덩굴의 열매는 예부터 고혈압과 중풍, 신경통과 관절염 완화에 효험이 있는 것으로 알려져 있다.

줄기와 열매 말려서 다리거나 말려서 담금

재료 댕댕이덩굴의 열매(와 덩굴) 100g, 담금주용 소주(35도) 1.6L

채취 열매를 가을에 채취한다.

❶ 댕댕이덩굴의 열매와 덩굴을 함께 채취한다.
❷ 흐르는 물에 열매가 떨어지지 않게 살짝 씻어 햇볕에 말린다.
❸ 유리병에 재료를 넣고 35도 이상의 소주를 부은 후 밀봉한다.
❹ 담금 3개월이 지나면 음용이 가능하지만, 오랫동안 숙성시켜 마시면 더욱 맛이 부드럽다.

:: **복용법** 취침 전 소주잔으로 한 잔 정도를 꾸준히 복용한다.
:: **주의점** 음허(陰虛)하여 음액(陰液)이 부족하거나 습열(濕熱)로 인한 부종이나 피부병 등이 없는 사람은 복용에 주의한다.

겨울의 도꼬마리

약초의 잎은 언제나 동일한 모습을 하고 있지 않습니다.
계절에 따라 그 모습을 달리하지요.
그렇다고 근본이 변하지는 않습니다.
시간이나 계절 그리고 생장조건에 따라
유연하게 변화하는 그들의 모습을 보며
삶의 지혜를 얻어 봅니다.

옷에 잘 달라붙어 귀찮게 여겨지는 도꼬마리.
자연 건조된 도꼬마리를 알맞게 잘라
술에 담금하여 봅니다.

도꼬마리를 채취할 때에는
열매가 줄기에서 떨어지지 않게 주의한다.

도꼬마리주 창이자

도꼬마리는 축농증과 나병, 류머티즘 치료에 효과가 있다. 전초는 갑상선 기능 저하에 쓰이며, 열성 질병과 동맥경화증 예방, 이뇨장애 등에 사용된다.

❀ 열매를 '창이자'라고도 하는데, 땀을 나게 하고 풍습을 제거한다. 감기로 인한 두통과 관절 통증·옴과 나병·근육 마비의 치료에 쓰인다.

열매 잔털을 제거한 후 말려서 다리거나 말려서 담금

재료 도꼬마리의 열매(와 줄기) 30g, 담금주용 소주(35도) 0.9L

채취 열매를 가을에 채취한다.

❶ 도꼬마리의 잘 익은 열매를 채취한다.
❷ 흐르는 물에 열매가 떨어지지 않게 살짝 씻어 햇볕에 말린다.
❸ 유리병에 재료를 넣고 35도 이상의 소주를 부은 후 밀봉한다.
❹ 담금 3개월이 지나면 음용이 가능하지만, 오랫동안 숙성시켜 마시면 더욱 맛이 부드럽다.

:: **복용법** 취침 전 소주잔으로 한 잔 정도를 꾸준히 복용한다.
:: **주의점** 과음하면 두통이나 어지럼증, 구토 등의 중독 증상이 나타나므로 쓰는 양에 주의해야 한다. 또 독성이 있으므로 쓰는 양에 주의하여야 한다. 혈허(血虛)로 인한 마비증이나 두통에는 복용을 삼가한다.

나무를 흔들어 얻은 돌배들
아무 바람 없이 떠나는 산행길
오늘은 자연이 어떤 선물을 허락할까요?

발 아래 돌배가 떨어져 있네요.
위를 올려다보니
나무에 돌배가 주렁주렁입니다.
돌배를 그러모아 술에 담금해 봅니다.

야생에서 채취한 돌배 무리

돌배주

재배하는 배나무 보다 야생의 돌배가 더 큰 효능을 가지고 있다. 열매와 잎을 비롯해서 뿌리까지 모두 약용한다.
돌배는 화를 내려주고, 주독을 풀어주며, 당뇨와 중풍에 효과가 있다. 또한 기관지 기침과 가래·천식을 완화하는데 쓰인다.

열매 싱싱할 때 효소로 이용, 물기를 제거한 후 담금

재료 돌배 열매 200g, 담금주용 소주(35도) 1.6L
채취 가을에 익어가는 열매를 채취한다.

❶ 잘 익어가는 열매를 채취하여 꼭지를 잘라낸다.
❷ 채취한 열매를 흐르는 물에 잘 씻어 물기를 제거한다.
❸ 유리병에 재료를 넣고 35도 이상의 소주를 부은 후 밀봉한다.
❹ 열매 자체에 수분이 많기 때문에 담금 3개월 후에 재료를 걸러내고 오랫동안 숙성시켜 음용하면 더욱 부드러운 맛을 기대할 수 있다.

:: **복용법** 취침 전 소주잔으로 한 잔 정도를 꾸준히 복용한다.
:: **주의점** 찬 성질을 가지고 있기 때문에 평소에 배가 차가워서 설사를 하는 경우나 소화가 잘 되지 않는 경우, 가래를 동반한 기침을 하는 경우에는 주의해서 복용한다.

마가목의 열매와 잎

늦은 가을날의 마가목 열매
잘 살아보겠다는 마음으로 언제나 바쁘기만 하고
여유를 찾기 힘든 일상 속에서
자연의 큰마음을 배우러 오늘도 나서봅니다.

마가목을 채취하여 잎을 제거하고
술을 준비하여 담금을 준비합니다.

마가목주

마가목은 류머티즘 관절염·신경통·기침 등에 좋은 효과가 있고, 오래 마시면 무병장수한다고 전해진다. 당마가목·녹마가목·산마가목 등 여러 종류가 있지만, 종류에 관계없이 모두 약으로 사용한다.

❋ 열매는 술이나 차로 이용한다. 카로틴과 비타민C·비타민P 등이 함유되어 있어, 가래와 기침을 멈추고 혈압을 내리는 효능이 있다. 또한 소변이 잘 나오게 한다.

열매   말려서 담금, 차로 이용
뿌리와 잔가지   얇게 썰어서 말린 후 다림, 말려서 담금
    생재를 효소로 이용

재료   마가목의 열매 200g, 담금주용 소주(35도) 2.3L
채취   열매가 익어가는 가을에서 겨울까지 채취할 수 있다.

❶ 익어가는 열매를 채취한다.
    TIP 가지를 열매와 함께 담그면 더 잘 우러난다.
❷ 채취한 열매를 흐르는 물에 살짝 씻어 햇볕에 말린다.
❸ 유리병에 재료를 넣고 35도 이상의 소주를 부은 후 밀봉한다.
❹ 담금 3개월이 지나면 음용이 가능하지만, 오랫동안 숙성시켜 마시면 더욱 맛이 부드럽다.

:: **복용법**   취침 전 소주잔으로 한 잔 정도를 꾸준히 복용한다.
:: **주의점**   빈혈이나 어지럼증이 있거나 몸이 차서 냉증이 있는 사람은 복용을 삼가는 것이 좋다.

산모과 열매

산에서 만난 모과입니다.
도심에서 만나는 모과들과
향과 효능에 큰 차이를 보이는 산모과.
생김이 같아도 내면에 품고 있는 것들이 다르듯,
어려움을 잘 이겨내어 좋은 향기가 나는
우리가 될 수 있기를 희망해봅니다.

누가 모과를 못생겼다 할까요?
향과 영양분이 그득한 자연의 모과를 이용하여
담금주를 만들어 봅니다.

모과의 과실은 잘 익은 것으로
골라 채취하도록 한다.

모과주

나무에 달리는 참외라는 뜻으로 '모과(木瓜)'라고 한다. 특유의 향이 있으며 맛은 새콤하면서 떫다. 기침에 좋은 치료제로 모과에 함유된 사포닌과 타닌은 콜레스테롤 수치를 낮춰주며 간장과 신장활동을 원활하게 해준다.
❋ 열매는 가을에 노랗게 익는데, 기침·감기·천식을 완화시키고 소화불량과 근육통을 치료한다. 또한 피로를 회복하는 효능이 있다.

열매 싱싱할 때 씨를 제거한 후 효소로 이용, 물기를 제거한 후 담금

재료 모과의 열매 300g, 담금주용 소주(35도) 2.3L
채취 가을에 노랗게 익어가는 열매를 채취한다.

❶ 잘 익은 열매를 채취한다.
❷ 열매를 씻어 물기를 제거한 후, 모양 그대로 술에 담금을 한다.
  > TIP 씨를 제거한 후 작게 잘라서 담금하면 더 잘 우러난다.
❸ 유리병에 재료를 넣고 35도 이상의 소주를 부은 후 밀봉한다.
❹ 열매 자체에 수분이 많기 때문에 담금 3개월 후에 재료를 걸러내고 오랫동안 숙성시켜 음용하면 더욱 부드러운 맛을 기대할 수 있다.

:: **복용법** 취침 전 소주잔으로 한 잔 정도를 꾸준히 복용한다.
:: **주의점** 소화성 위궤양에 의한 경련성 통증이나 변비가 있는 경우, 소변량이 적거나 붉은색을 띠는 사람은 복용해서는 안 된다.

박주가리의 열매

언제나 그대로인 것 같으면서도
철따라 옷을 바꿔 입는 자연 속에서
자신을 돌아보는 시간을 가져봅니다.
자연을 닮아
언제나 변하지 않는 마음으로
순리에 따라 변화 할 수 있기를 희망해 봅니다.

박주가리의 열매가 여물어가는 가을입니다.
채취하여 씻어 말린 후
술에 담금해 봅니다.

박주가리의 열매가 벌어지기
전에 채취한다.

박주가리주 새박덩굴, 라마자

박주가리의 덩굴을 채취하여 삶으면 호박이나 박넝쿨 냄새가 난다. 열매의 생김새가 하수오와 유사하여 혼동하기 쉬우니 주의한다.

❋ 여름에 박주가리의 줄기를 꺾으면 흰 유즙이 나오는데, 정기를 보하고 종기(특히 사마귀) 치료에 큰 효능을 나타낸다.

열매 물기를 제거한 후 담금(씨앗만 담금하여도 좋다)
전초 이른 봄 생재를 효소로 이용

재료 박주가리의 열매 30g, 담금주용 소주(35도) 0.9L
채취 열매를 가을에 채취한다.

❶ 열매가 벌어지기 전에 채취한다.
  TIP 박주가리의 씨를 담금하여도 좋다.
❷ 채취한 열매를 물에 씻어서 물기를 제거한다.
  TIP 햇볕에 말리면 열매가 벌어질 수 있으니 주의한다.
❸ 유리병에 재료를 넣고 35도 이상의 소주를 부은 후 밀봉한다.
❹ 담금 3개월이 지나면 음용이 가능하지만, 오랫동안 숙성시켜 마시면 더욱 맛이 부드럽다.

:: **복용법** 취침 전 소주잔으로 한 잔 정도를 꾸준히 복용한다.
:: **주의점** 박주가리 열매를 자르면 하얀 유액이 나오는데 이 액은 술을 탁하게 할 수 있으므로 열매에 상처가 나지 않도록 주의한다.

흰꽃배롱나무의 열매가
더욱 큰 효능이 있다.

배롱나무의 꽃과 잎

누군가가 나의 손길을 기다린다면
언제라도 감사한 마음으로
그 소리에 귀를 기울이고 싶습니다.
비가 오락가락하는 날이지만
망설임 없이 그리운 님을 찾아 길을 나섭니다.
간절함이 통하였는지
비 오는 가을날 흰꽃배롱나무를 찾았습니다.

배롱나무의 열매를 씻어서
물기를 빼고 술에 담금을 해봅니다.

배롱나무주 나무백일홍, 간지럼나무, 자미

배롱나무는 각종 출혈에 지혈효과가 있으며, 해독 작용을 한다. 골절·치통·이질·습진·종기·악창·옴·방광염·오줌소태에 치료 효과가 있다. 일반적으로 붉은 꽃이 피는 나무보다는 흰 꽃이 피는 나무가 더 효능이 좋다고 전해진다.

※ 배롱나무 열매는 특히 방광염 치료에 큰 효능이 있다.

꽃	물기를 제거한 후 담금
열매	말려서 다림, 말려서 담금
줄기와 뿌리	알맞은 크기로 잘라서 말려서 다리거나 담금

재료 배롱나무의 열매 30g, 담금주용 소주(35도) 0.9L
채취 가을에 익어가는 열매를 채취한다.

❶ 가을에 익어가는 열매를 채취한다.
   TIP 가지와 열매를 함께 채취해서 담금하면 더 잘 우러난다.
❷ 채취한 열매를 흐르는 물에 살짝 씻어 햇볕에 말린다.
❸ 유리병에 재료를 넣고 35도 이상의 소주를 부은 후 밀봉한다.
❹ 담금 3개월이 지나면 음용이 가능하지만, 오랫동안 숙성시켜 마시면 더욱 맛이 부드럽다.

:: **복용법** 취침 전 소주잔으로 한 잔 정도를 꾸준히 복용한다.
:: **주의점** 꽃과 잎, 뿌리 모두를 약용하지만 임산부는 복용을 삼가하는 것이 좋다.

비목나무의 열매들

내 마음에 맞지 않으면 잘못되었다 하고
잘못되는 모든 것은
다 남의 탓이라 생각했던 마음을 버리려
오늘도 자연 속에 합류하여 봅니다.

비목의 열매가 익어가는 늦은 가을날입니다.
열매가 달린 비목의 잔가지를 준비하였습니다.
담금을 하고보니
자연을 병 속으로 옮겨 놓은 듯합니다.

비목나무의 열매는 가지와 함께
채취하여 담금한다.

비목나무주 보안목

비목나무는 풍습성 전신부종에 이뇨와 해독 작용이 있으며, 관절염과 타박상의 약재로 사용한다.
※ 가을에 열매가 붉게 익어가는데, 크리스마스에 볼 수 있는 '사랑의 열매'는 이 비목나무 열매의 모양을 본뜬 것이다. 감기로 인한 몸살이나 관절염·소화불량에 두루 쓰이며 중풍으로 인한 마비 증세에도 이용된다.

줄기 알맞게 잘라서 말려서 다림, 말려서 담금

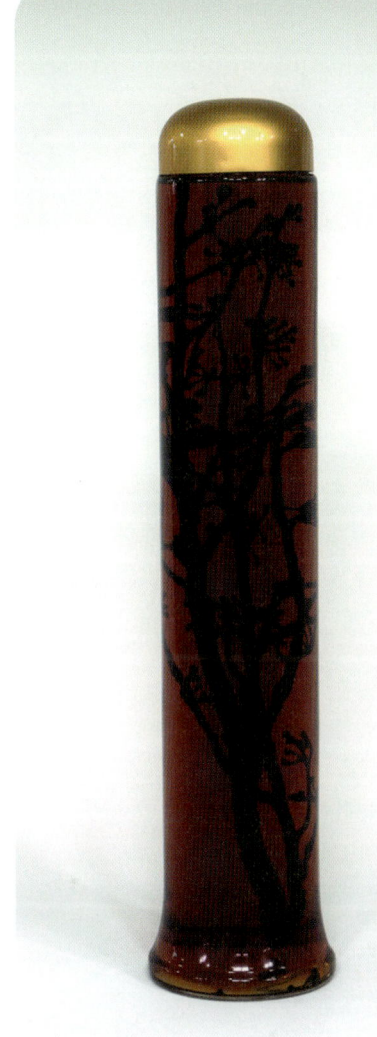

재료 비목의 열매와 가지 300g, 담금주용 소주(35도) 2.3L
채취 열매와 가지를 가을에서 이른 봄까지 채취한다.

❶ 가을에 익어가는 열매를 가지와 함께 채취한다.
❷ 채취한 열매와 가지를 용기에 맞게 자른 후 살짝 씻어 햇볕에 말린다.
❸ 유리병에 재료를 넣고 35도 이상의 소주를 부은 후 밀봉한다.
❹ 담금 3개월이 지나면 음용이 가능하지만, 오랫동안 숙성시켜 마시면 더욱 맛이 부드럽다.

:: **복용법** 취침 전 소주잔으로 한 잔 정도를 꾸준히 복용한다.
:: **주의점** 열매의 생김새가 감태나무와 유사하여 채취할 때 주의가 필요하다. 열매의 크기가 감태나무보다 조금 작다.

산머루 열매들

도심 속에서 자신만을 위해 앞만 보고 달려가는 우리.
이 세상 만물이 다 나를 위해 존재하지만
나는 그 자연에게 무엇 하나 해준 것이 없습니다.
그런 자연 앞에 나를 버리고
우리를 위한 내가 될 수 있기를 바라봅니다.

인공으로 키운 포도들보다는 작고 보잘 것 없지만,
자연에서 나고 자연이 키운 산머루입니다.
자연에 감사하는 마음으로 채취하여
물기를 제거하고 담금합니다.

산머루의 열매를
송이째로 채취한다.

산머루주 산포도

산머루는 소염·이뇨·항암 작용을 한다. 또한 식욕부진·변비·열이 나면서 생기는 갈증과 늑막염·만성기관지염·기관지천식·피부암 등의 치료에 쓴다.

열매에 아스코르브산이 함유되어 있어 신맛이 나는데, 이 새콤한 맛이 식욕을 증진시키고 소화를 촉진시키는 작용을 한다. 또한 다량의 섬유질이 있어 변비 해소에도 좋다. 빈혈과 노화방지에도 좋은 치료 효과를 보인다.

열매 생재를 효소로 이용, 말려서 담금
줄기와 뿌리 알맞은 크기로 잘라서 말려서 다림거나 담금

재료 산머루의 열매 100g, 담금주용 소주(35도) 0.9L
채취 가을에 익어가는 열매를 채취한다.

❶ 산머루의 열매를 송이 째로 채취한다.
❷ 채취한 열매를 흐르는 물에 살짝 씻어서 물기를 제거한다.
❸ 유리병에 재료를 넣고 35도 이상의 소주를 부은 후 밀봉한다.
❹ 열매 자체에 수분이 많기 때문에 담금 3개월 후에 재료를 걸러내고 오랫동안 숙성시켜 음용하면 더욱 부드러운 맛을 기대할 수 있다.

:: **복용법** 취침 전 소주잔으로 한 잔 정도를 꾸준히 복용한다.
:: **주의점** 적당한 양을 복용하면 혈액순환을 돕는 좋은 효능을 기대할 수 있지만, 지나치면 위와 간을 해칠 수 있다.

여름철의 산복숭아 열매들

누군가를 위해서도 아니고
자신만을 위해서도 아닌
주어진 환경에 따라 나고 자라고
피어나는 자연입니다.

더위가 시작되는 시기에 만나는 산복숭아입니다.
잘 익어가는 산복숭아를 씻어서
물기를 제거한 후 술에 담금합니다.

산복숭아는 채취한 후
꼭지를 따고 손질한다.

산복숭아주 <small>돌복숭아나무, 개복숭아나무</small>

복숭아는 재배한 것보다 야생으로 자란 것이 깨끗한 환경에서 각종 미네랄을 섭취하며 자라므로 인체 면역계를 더 튼튼하게 하고 약효도 더욱 탁월하다.

❀ 예부터 산복숭아는 혈액순환 촉진과 피부 미용에 좋은 약효가 있다고 알려져 있다.

열매 싱싱할 때 효소로 이용, 물기를 제거하여 담금
상황버섯 알맞은 크기로 잘라서 말려서 다리거나 담금

재료 산복숭아의 열매 150g, 담금주용 소주(35도) 0.9L
채취 산복숭아가 익어가는 여름에 열매를 채취한다.
산복숭아 상황버섯은 겨울에 채취한다.

❶ 열매를 채취하여 꼭지를 따고 손질한다.
❷ 손질한 열매를 흐르는 물에 씻어 물기를 제거한다.
❸ 유리병에 재료를 넣고 35도 이상의 소주를 부은 후 밀봉한다.
❹ 열매 자체에 수분이 많기 때문에 담금 3개월 후에 재료를 걸러내고 오랫동안 숙성시켜 음용하면 더욱 부드러운 맛을 기대할 수 있다.

:: **복용법** 취침 전 소주잔으로 한 잔 정도를 꾸준히 복용한다.
:: **주의점** 복숭아 열매에 알레르기 반응이 일어나는 사람은 복용을 삼가한다.

빨갛게 익어가는 산사의 열매

산행에서는 겨울에만 가능한 일이 있고
가을에만 가능한 일이 있습니다.
그러므로 때를 잘 맞추는 것이
무엇보다 중요하다는 것을 알게 합니다.
때를 잘 아는 사람이 될 수 있기를…
오늘의 자연에게서 배우는 생각입니다.

산사의 열매가 주인을 기다리고 있습니다.
산사의 효능을 알고 귀한 곳에 써 줄 누군가가
산사의 주인이 아닐까요?

가을에 빨갛게 익어가는
열매를 채취한다.

산사나무열매주 아가위나무

산사나무는 고기 먹고 체한 데 특효이며, 고혈압·심장병·소화불량·비만증·고지혈·산후풍·협심증 완화에 좋은 효능이 있다.

❁ 열매는 맛이 시고 달다. 소화를 촉진시키고 어혈을 풀어주며 혈액순환을 촉진시킨다. 또한 빈혈을 해소한다. 위장을 튼튼히 하여 장출혈과 위염을 진정시키고 식욕부진과 토사곽란을 해소하는 데도 효과가 있다.

열매 싱싱할 때 생재를 효소로 이용, 말려서 다리거나 말려서 담금

재료 산사의 열매 100g, 담금주용 소주(35도) 0.9L
채취 가을에 익어가는 열매를 채취한다.

❶ 산사의 열매가 익어갈 때쯤 채취한다.
❷ 채취한 열매를 흐르는 물에 살짝 씻어서 물기를 제거한다.
❸ 유리병에 재료를 넣고 35도 이상의 소주를 부은 후 밀봉한다.
❹ 열매 자체에 수분이 많기 때문에 담금 3개월 후에 재료를 걸러내고 오랫동안 숙성시켜 음용하면 더욱 부드러운 맛을 기대할 수 있다.

:: **복용법** 취침 전 소주잔으로 한 잔 정도를 꾸준히 복용한다.
:: **주의점** 비위가 허약하거나 기력이 쇠약한 사람, 인삼을 복용 중인 사람은 삼가도록 한다.

가을날의 산수유 열매

받으려고만 하며 살아온 시간들이 있습니다.
이웃을 위함이 나를 위함이고,
주는 것이 나의 기쁨임을 알기 위해
흐르는 땀방울에 스스로를 버려봅니다.

산수유가 풍성하지는 않습니다.
한 알 한 알 시간가는 줄 모르고 채집하여
술에 담금합니다.

**가을에 익어가는 열매를
채취한다.**

산수유주

산수유에는 항암효과가 있으며, 음위증·발기부전·몽정·유정·자한에 효험이 있다.

※ 가을에 열매를 채취하여 씨를 제거하고 말려서 이용한다. 시큼한 맛이 있다. 열매에 여러 가지 유기산과 사과산 등이 함유되어 있어 유정과 음위증, 이명과 어지럼증을 완화시키는 효과가 있으며, 월경과다와 자한증에도 쓰인다.

열매 씨를 제거하여 말려서 다림, 물기를 제거한 후 담금

재료 산수유의 열매 30g, 담금주용 소주(35도) 0.9L
채취 가을에 익어가는 열매를 채취한다.

❶ 산수유의 열매가 익어갈 때쯤 채취한다.
❷ 채취한 열매를 흐르는 물에 살짝 씻어서 물기를 제거한다.
❸ 유리병에 재료를 넣고 35도 이상의 소주를 부은 후 밀봉한다.
❹ 열매 자체에 수분이 많기 때문에 담금 3개월 후에 재료를 걸러내고 오랫동안 숙성시켜 음용하면 더욱 부드러운 맛을 기대할 수 있다.

:: **복용법** 취침 전 소주잔으로 한 잔 정도를 꾸준히 복용한다.
:: **주의점** 감기로 인해 오한과 발열이 있거나 땀을 많이 흘릴 때, 설사할 때나 소변이 잘 나오지 않고 배뇨통이 있을 때는 쓰지 않는다. 또한 도라지와는 같이 쓰지 않는다.

산초나무의 열매가 완전히
벌어지기 전에 채취한다.

산초나무의 열매들

긍정과 부정의 선택 속에 살아가는 하루하루.
사람은 저마다의 마음세계에서 살아가기에
마음에 긍정이 많으면
매사에 긍정적이어서 행복할 수 있고,
마음에 부정이 많으면
세상이 부정적으로 보이기 마련입니다.

산초열매가 탐스럽습니다.
열매를 채취하고 씻어
술에 담금하여 봅니다.

산초나무열매주 야초

산초나무는 건위·정장·구충·해독 작용이 있어, 소화불량이나 식체, 위하수나 위확장증, 구토·이질·설사·기침·회충 치료 등에 쓰인다. 생김새가 초피나무와 유사하다.

❃ 열매가 완전히 익기 전에 채취하여 이용한다. 복부 냉증을 치료하고 치통이나 피부염 치료에도 쓰인다. 구충제로도 사용된다. 완전히 익은 열매의 씨앗에서는 기름을 얻는다.

열매 물기를 제거한 후 담금, 종자에서 기름을 얻음

재료 산초나무의 열매 30g, 담금주용 소주(35도) 0.9L
채취 가을에 익어가는 열매를 채취한다.

❶ 열매가 완전히 익기 전에 채취한다.
❷ 채취한 열매를 흐르는 물에 살짝 씻어서 물기를 제거한다.
❸ 유리병에 재료를 넣고 35도 이상의 소주를 부은 후 밀봉한다.
❹ 담금 3개월이 지나면 음용이 가능하지만, 오랫동안 숙성시켜 마시면 더욱 맛이 부드럽다.

:: **복용법** 취침 전 소주잔으로 한 잔 정도를 꾸준히 복용한다.
:: **주의점** 열매에 매운 맛이 강하므로 양을 조절하여 술을 담그는 것이 좋다.

여정목의 열매는
가지 째 잘라 담금한다.

여정목의 열매들

여름에는 여름에 감사하고
겨울에는 겨울에 감사할 수 있기에는
아직 연륜이 덜한 것 같습니다.
아직도 여름에는 겨울이 그립고,
겨울에는 여름이 그립습니다.

파란 하늘이 손에 닿을 듯한 가을날입니다.
광나무열매 여정실이 탐스럽게 열렸습니다.
담금하기 좋게 가지 째 채취하여
병에 맞게 잘라서 담금합니다.

여정목주 광나무

여정목은 노화방지의 효능이 있으며, 흰머리를 검게 하고 신장을 튼튼하게 한다.

열매를 '여정실'이라 하는데, 달면서 쓴맛이 있으며 독은 없다. 열매에 포도당과 올레아놀산·리놀레인산이 들어 있다. 눈을 밝게 하고, 피로와 체력을 회복해주는 효능이 있다. 또한 노화를 방지하고 정력을 높이는 효과가 크다.

잎	어린 새순을 차로 이용
열매	익을 무렵 효소로 이용, 말려서 다리거나 말려서 담금

재료 여정목의 열매 30g, 담금주용 소주(35도) 0.9L
채취 열매를 가을에 채취한다.

❶ 여정목의 잘 익은 열매(여정실)를 송이 째로 채취한다.
❷ 잎이 함께 채취되었을 경우, 잎을 제거하고 열매를 흐르는 물에 잘 씻어서 햇볕에 말린다.
❸ 유리병에 재료를 넣고 35도 이상의 소주를 부은 후 밀봉한다.
❹ 담금 3개월이 지나면 음용이 가능하지만, 오랫동안 숙성시켜 마시면 더욱 맛이 부드럽다.

:: **복용법** 취침 전 소주잔으로 한 잔 정도를 꾸준히 복용한다.
:: **주의점** 비위가 허약하거나 장이 허약한 사람은 설사하거나 복통을 일으킬 우려가 있으므로 복용에 주의한다.

가을날의 오갈피나무

나보다 잘난 이를 시기하고 질투하고 미워했습니다.
내 마음의 열등감을 깨닫게 해 준
자연의 품속으로 합류하여 봅니다.

오갈피나무의 열매가 풍성하게 열렸습니다.
예쁜 열매를 채취하여
잘 말려 담금을 준비합니다.

열매를 뿌리줄기와 함께
담금하여도 좋다.

오갈피주

오갈피나무는 신경쇠약·식욕부진·건망증·불면증·고혈압·저혈압·정력감퇴·노화를 완화시키며, 병후나 산후의 훌륭한 자양강장제이다.

❋ 오갈피나무의 열매는 남성과 여성의 성욕감퇴 치료제로 쓰인다. 또한 노화를 방지하는 효능이 있으며, 어혈을 없애고 부종을 다스린다. 관절염과 중풍 치료의 선약으로 꼽히는 약재이기도 하다.

잎	어린 새순을 차로 이용, 이른 봄 효소로 이용
열매	싱싱할 때 효소로 이용, 말려서 담금
줄기와 뿌리	알맞은 크기로 잘라서 말려서 다리거나 담금

재료 오갈피나무의 열매 30g, 담금주용 소주(35도) 0.9L
채취 열매를 가을에 채취한다. 뿌리줄기와 담금해도 좋다.

❶ 오갈피의 잘 익은 열매를 채취한다.
❷ 채취한 열매를 흐르는 물에 살짝 씻어 햇볕에 말린다.
❸ 유리병에 재료를 넣고 35도 이상의 소주를 부은 후 밀봉한다.
❹ 담금 3개월이 지나면 음용이 가능하다.
❺ 마르지 않은 열매를 사용한 경우, 담금 3개월 후에 재료를 걸러내고 오랫동안 숙성시켜 음용하면 더욱 부드러운 맛을 기대할 수 있다.

:: **복용법** 취침 전 소주잔으로 한 잔 정도를 꾸준히 복용한다.
:: **주의점** 현삼과는 함께 쓰지 않는다. 또한 몸에 허증이 있고, 화(火)가 있는 경우에는 복용을 금하는 것이 좋다.

오배자: 붉나무의 벌레집

내가 하고 싶은 일은 나만을 위한 일임을 알았습니다.
내가 하기 싫은 일은
다른 이와 세상을 위한 일임을 알았습니다.
나만을 위함이 아닌 세상을 위한 사람이 되기 위해
오늘도 하루를 시작하려 합니다.

가을을 마중하며 햇살에 감사함으로 시작하는 산행길.
붉나무의 벌레집 오배자의 환영을 받았습니다.

오배자 속에는 벌레가 있으므로
끓는 물에 살짝 데친 후 사용한다.

오배자주 붉나무의 벌레집

붉나무의 잎에 진딧물이 기생하면 주머니같은 벌레집이 생기는데 이를 '오배자'라 한다. 기침·탈항·인후염·황달과 다량의 식은땀을 치료하며, 옴과 종기를 다스린다. 또한 해독과 지혈 효과가 있다.

오배자에는 Gallotammin 성분과 전분·지방 등이 함유되어 있다. 때문에 인체 내에서 수렴과 항산화 작용을 하며 간 기능을 보호하는 효능이 있다.

벌레집 데쳐서 말린 후 다림

재료 붉나무의 벌레집 30g, 담금주용 소주(35도) 0.9L
채취 붉나무의 벌레집을 가을에 채취한다.

❶ 오배자(붉나무의 벌레집)를 가을에 채취한다.
❷ 오배자 속에는 벌레가 살아 있으므로 끓는 물에 살짝 데친 후 햇볕에 말려 사용한다.
❸ 유리병에 재료를 넣고 35도 이상의 소주를 부은 후 밀봉한다.
❹ 담금 3개월이 지나면 음용이 가능하지만, 오랫동안 숙성시켜 마시면 더욱 맛이 부드럽다.

오배자주 담금 과정

:: **복용법** 취침 전 소주잔으로 한 잔 정도를 꾸준히 복용한다.
:: **주의점** 폐의 실열에 의한 해수가 있거나 풍한사 사람은 복용을 삼가한다.

늦여름의 전나무

긍정과 부정,
참과 허가 내안에 공존합니다.
따뜻한 아랫목을 떨치지 못하는 나와
추위를 즐기려는 내가 늘 갈등합니다.
마음의 혼돈을 달래기 위해 또 산을 찾습니다.

푸른 전나무가 눈에 들어오네요.
열매를 채취해 술에 담금을 해봅니다.

전나무 열매의 모양이
손상되지 않도록 주의해서 채취한다.

전나무열매주

전나무는 허리디스크를 비롯한 요통, 어혈과 교통 사고로 인한 후유증, 류머티즘 관절염에 큰 효능이 있다. 그 외 심한 통증 해소에 아주 좋다.

❋ 최소 100년 이상이 된 전나무에서만 열매가 열린다고 알려져 있다.

열매 그늘에 말려서 담금
상황버섯 작게 잘라서 말려 다리거나 말려서 담금

재료 전나무의 열매 50g, 담금주용 소주(35도) 1.6L
채취 열매는 여름에 채취하고, 상황버섯은 겨울에 채취한다.

❶ 열매의 모양이 손상되지 않게 채취한다.
❷ 열매에 붙은 이물질을 솔로 문질러 제거한 후 윗부분만 흐르는 물에 살짝 씻어 그늘에 말린다.
❸ 유리병에 재료를 넣고 35도 이상의 소주를 부은 후 밀봉한다.
❹ 담금 3개월이 지나면 음용이 가능하지만, 오랫동안 숙성시켜 마시면 더욱 맛이 부드럽다.

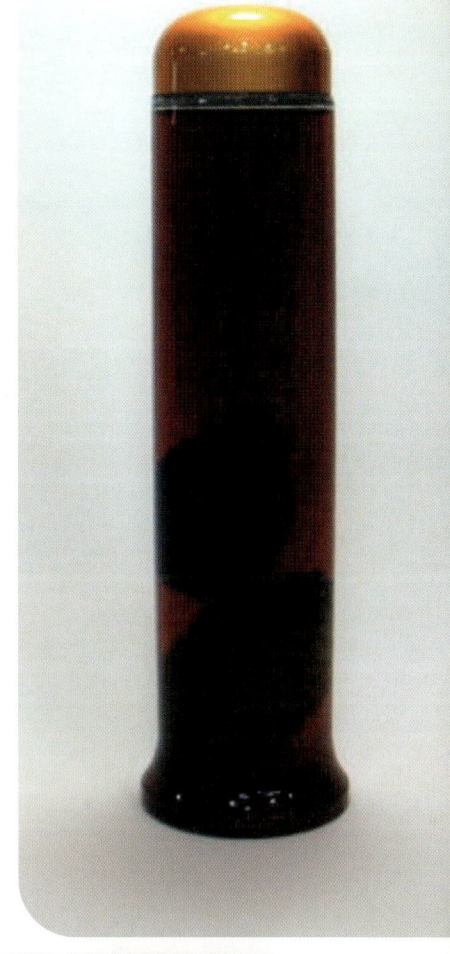

:: **복용법** 취침 전 소주잔으로 한 잔 정도를 꾸준히 복용한다.
:: **주의점** 적당한 양을 복용하면 혈액순환을 돕는 좋은 효능을 기대할 수 있지만, 지나치면 위와 간을 해칠 수 있다.

주목나무의 붉은 열매

말 한마디가 사람을 살리기도 하고, 말 한마디에 사람이 죽기도 합니다.
내 안에 있는 말들이 내 입을 통해서 나올 때
누군가를 힘들게 하기 보다는
누군가에게 힘이 되고
누군가를 살리는 말이 될 수 있기를 바라봅니다.

주목나무의 열매가 더욱 붉게 보이는 날이네요.
열매를 채취한 후 술에 담금해 봅니다.

빨갛게 익은 열매를
채취하여 담금한다.

주목나무열매주

주목나무는 항암·항균·강심 작용을 한다. 주목나무에는 암수가 따로 있어 열매가 열리는 것과 그렇지 않은 것이 있다.

❀ 가을에 열리는 주목나무의 열매는 종 모양을 하고 있는데, 그 속에 진한 갈색의 씨앗을 볼 수 있다. 열매의 맛이 달기 때문에 술이나 잼을 만드는데 주로 이용된다.

열매 물기를 제거한 후 담금
줄기와 잎 알맞은 크기로 잘라서 말려서 다림, 말려서 담금
(독성이 있으므로 소량 사용)

재료 주목나무의 열매 30g, 검정콩 5g 담금주용 소주 (35도) 0.9L
채취 열매를 가을에 채취한다.

❶ 주목나무의 익은 열매를 채취한다.
❷ 채취한 열매를 흐르는 물에 살짝 씻어 물기를 제거한다.
❸ 유리병에 재료를 넣고 35도 이상의 소주를 부은 후 밀봉한다.
❹ 담금 3개월이 지나면 음용이 가능하지만, 오랫동안 숙성시켜 마시면 더욱 맛이 부드럽다.

:: **복용법** 취침 전 소주잔으로 한 잔 정도를 꾸준히 복용한다.
:: **주의점** 주목나무의 잎·줄기·열매에는 약간의 독성이 있으므로 사용에 주의한다.

잘 익은 찔레나무의 열매

기다림이란?
희망이고, 설렘이며
인내의 시간이고
내가 살아가는 의미입니다.

찔레나무의 열매가 잘 익어가는 가을입니다.
영실을 채취한 후 씻어 말려
담금을 해 봅시다.

찔레나무의 열매는 줄기와 함께
채취하여 담금하도록 한다.

찔레나무주 영실

찔레나무는 여자들의 생리통과 생리불순, 변비 · 신장염 · 방광염 · 수종 등에 치료 효과가 뛰어난 약재이다.
열매를 '영실'이라고 하는데, 가을에 붉은 색의 콩알같은 열매가 열린다. 완전히 익은 열매보다는 덜 익은 열매의 약효가 더 좋다고 알려져 있다.
주로 혈액의 순환을 돕고 열을 제거하는 효능이 있어 여성의 생리통이나 부종 · 신장염 등의 질환에 쓰인다.

열매 말려서 다리거나 말려서 담금, 익어갈 때 효소로 이용

재료 찔레나무의 줄기와 열매 30g, 담금주용 소주(35도) 0.9L
채취 열매는 가을에 채취한다. 뿌리는 사철 채취 가능하다.

❶ 찔레나무의 열매와 줄기를 함께 채취한다.
❷ 흐르는 물에 열매가 떨어지지 않게 살짝 씻어 햇볕에 말린다.
❸ 유리병에 재료를 넣고 35도 이상의 소주를 부은 후 밀봉한다.
❹ 담금 3개월이 지나면 음용이 가능하지만, 오랫동안 숙성시켜 마시면 더욱 맛이 부드럽다.

:: **복용법** 취침 전 소주잔으로 한 잔 정도를 꾸준히 복용한다.
:: **주의점** 많은 양을 복용하면 심한 설사를 할 수 있으므로 주의한다.

가을의 청가시덩굴 열매

보기만 하여도 가슴이 뛰는 곳,
나를 키워주고
나를 안아주고
또 다른 나를 찾게 해주는 그곳입니다.

청가시덩굴이 잎을 떨구고
까만 열매를 달았습니다.
청가시덩굴의 열매와 줄기를 채취하여
씻어 말려서 술에 담금해 봅니다.

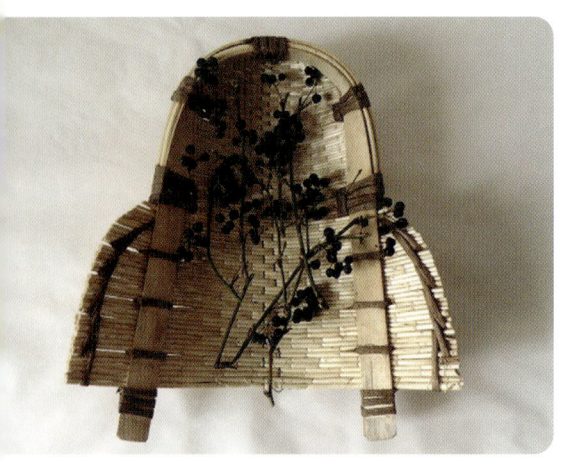

청가시덩굴의 열매와 줄기를
함께 채취하여 담금한다.

청가시덩굴주 용수채

청가시덩굴은 풍습성 관절염 및 류머티즘 관절염 치료에 효험이 있다. 줄기에 가시가 없는 것은 '민청가시덩굴'이라 한다.

❋ 열매가 청미래덩굴과 유사하지만 청미래덩굴의 열매는 붉게 익으며, 청가시덩굴의 열매는 검은색으로 익는다.

줄기와 열매   말려서 다리거나 말려서 담금

재료 청가시덩굴의 줄기와 열매 100g, 담금주용 소주(35도) 0.9L

채취 가을에 열매와 줄기를 함께 채취한다.

❶ 청가시덩굴의 줄기와 열매를 채취한 후 용기에 맞게 자른다.
❷ 채취한 재료를 흐르는 물에 씻어 내고 햇볕에 말린다.
❸ 유리병에 재료를 넣고 35도 이상의 소주를 부은 후 밀봉한다.
❹ 담금 3개월이 지나면 음용이 가능하지만, 오랫동안 숙성시켜 마시면 더욱 맛이 부드럽다.

:: **복용법** 취침 전 소주잔으로 한 잔 정도를 꾸준히 복용한다.
:: **주의점** 적당한 양을 복용하면 혈액순환을 돕는 좋은 효능을 기대할 수 있지만, 지나치면 위와 간을 해칠 수 있다.

청미래덩굴의 붉은 열매

할 일도 있고 만나고 싶은 이도 있지만,
자연의 유혹을 뿌리칠 수가 없습니다.
할 일은 밤을 새도 될 일이지만
만나고픈 이들은 어찌할까요?

움츠렸던 마음에 희망이 보이듯
한겨울에 붉은 빛이 화사한
청미래덩굴 열매를 발견했습니다.
술에 넣어 예쁜 담금주를 담가봅니다.

청미래덩굴 열매는 빛깔이 고와
관상용으로도 많이 쓰인다.

청미래덩굴주 망개, 토복령

청미래덩굴의 뿌리를 '토복령'이라 하는데, 수은이나 납과 같은 중금속의 독을 비롯한 여러 가지 독을 푸는 작용을 한다.

청미래덩굴의 열매는 '망개'라 한다. 열매는 새콤달콤한 맛이 있어 갈증을 해소해 주기도 하고, 잘 익은 열매는 빛깔이 고와 꽃꽂이에도 이용한다.

열매 말려서 담금
뿌리 알맞은 크기로 잘라 말려서 다림, 말려서 담금

재료 청미래덩굴의 열매 100g, 담금주용 소주(35도) 1.6L
채취 열매는 가을에 채취하고 뿌리는 사철 채취가 가능하다.

❶ 청미래덩굴의 열매를 가지까지 채취한다.
❷ 채취한 열매를 흐르는 물에 살짝 씻어 말린다.
❸ 유리병에 재료를 넣고 35도 이상의 소주를 부은 후 밀봉한다.
❹ 담금 3개월이 지나면 음용이 가능하지만, 오랫동안 숙성시켜 마시면 더욱 맛이 부드럽다.

:: **복용법** 취침 전 소주잔으로 한 잔 정도를 꾸준히 복용한다.
:: **주의점** 열매와 같이 뿌리도 약으로 많이 쓰이는데, 신장이나 간장의 기능이 약한 사람은 복용에 주의해야 하며 너무 오랜 기간 복용하면 변비가 생길 수 있으므로 복용 기간을 조절해야 한다.

꽃과 같은 열매, 재피

조금이라도 몸이 편하기 위해
잘 먹으려, 잘 입으려 합니다.
그러다 보니 어느덧 몸의 노예가 되어 살게 되었습니다.
언젠가는 자연으로 돌아갈 이 몸.
세상을 위해 전부를 내어놓을 수 있는
자연을 닮은 나로 다시 나고 싶습니다.

나들이하기 좋은 계절,
꽃으로 보이는 재피를 채취해 담금해 봅니다.

재피는 오랜 시간이 지나지 않아도
잘 우러나는 과실이다.

초피나무열매주 재피

초피나무의 열매를 '재피'라고 한다. 몸을 따뜻하게 하고 추위를 타지 않게 하는 효험이 있다.

열매와 껍질 모두 향신료로 이용될 만큼 맛과 향이 독특하다. 열매가 익으면 열매가 달린 가지를 잘라서 햇볕에 건조시키고 가지와 잎 등을 잘라낸 후, 씨앗은 제거하고 열매 껍질을 쓴다.

열매   물기를 제거한 후 담금
줄기   알맞은 크기로 잘라서 말려서 다리거나 담금

재료   초피나무의 열매 30g, 담금주용 소주(35도) 0.9L
채취   가을에 익어가는 열매를 채취한다.

❶ 초피나무의 열매가 벌어지기 전에 채취한다.
❷ 채취한 열매를 흐르는 물에 살짝 씻어 물기를 제거한다.
❸ 유리병에 재료를 넣고 35도 이상의 소주를 부은 후 밀봉한다.
❹ 담금 3개월이 지나면 음용이 가능하지만, 오랫동안 숙성시켜 마시면 더욱 맛이 부드럽다.

:: **복용법**   취침 전 소주잔으로 한 잔 정도를 꾸준히 복용한다.
:: **주의점**   허약으로 인한 흥분성 체질 환자는 복용을 삼가한다.

가을의 탱자나무

잘 우러난 탱자열매주

여자와 남자가 있듯이
음과 양이 있어
마침내 하나로 완성되고
완전함이 이루어지는 자연입니다.

야산의 탱자가 주인을 기다리고 있네요.
탱자주를 담금하여 봅니다.

탱자주 지실, 지각

덜 익은 열매를 '지실'이라고 하고, 잘 익은 열매를 '지각'이라고 한다. 지실과 지각은 물로 달여서 복용하거나 환, 또는 가루내어 쓴다. 외용약을 쓸 때는 가루내어 개어서 바르거나 볶아서 뜨거울 때 환부에 붙인다.
❀ 열매의 맛이 쓰고 독은 없다. 피부의 심한 가려움증과 복부창만, 명치 끝이 거북하면서 통증이 있는 것을 낫게 한다. 또한 식체를 해소한다.

열매 씨를 제거하고 껍질을 말려서 다리거나 세척 후 물기를 제거한 후 담금, 생재를 효소로 이용

재료 탱자의 열매 100g, 담금주용 소주(35도) 0.9L
채취 가을에 익어가는 열매를 채취한다.

❶ 탱자의 익어가는 열매를 채취한다.
❷ 채취한 열매를 흐르는 물에 잘 씻어 물기를 제거한다.
❸ 유리병에 재료를 넣고 35도 이상의 소주를 부은 후 밀봉한다.
❺ 마르지 않은 열매를 사용한 경우, 담금 3개월 후에 재료를 걸러내고 오랫동안 숙성시켜 음용하면 더욱 부드러운 맛을 기대할 수 있다.

:: **복용법** 취침 전 소주잔으로 한 잔 정도를 꾸준히 복용한다.
:: **주의점** 지실과 지각 모두 비위가 허약한 사람 및 임산부는 복용을 금해야 한다.

실새삼

새삼 줄기에 매달린 무수한 열매들
눈으로 보이지 않고 만질 수 없지만
살아있는 것들이 있습니다.
살아 있기에 조건에 의해서
나고 자라고 다시 본래로 돌아가지만
겨울이 가면 봄이 오듯이,
자연은 떠들썩하게 오고 가지 않습니다.
그저 말없이 우리 곁에 존재하는 것입니다.

잘 익어가는 새삼의 열매입니다.
열매와 줄기를 함께 채취하여 담금하여 봅니다.

토사자주 새삼

새삼의 씨앗을 '토사자'라고 한다. 요통을 해소하고, 간과 신장의 기능을 강화시키며, 신경쇠약·여성의 냉증·설사·당뇨병을 치료한다. 또한 시력회복에도 효과가 있다.

❀ 토사자의 맛은 매우면서 달고 독은 없다. 간과 신장을 보호하는 효능이 있어 소변이 잘 나오지 않는 증상이나 유정을 치료한다. 또한 시력을 밝게 하는 효능이 있다. 술에 담금하여 이용하면 특히 효능이 좋아진다.

열매 말려서 다리거나 말려서 담금
전초 이른 봄 생재를 효소로 이용

재료 토사자의 열매와 줄기 30g, 담금주용 소주(35도) 0.9L
채취 늦은 가을에 열매와 줄기를 채취한다.

❶ 토사자의 열매와 줄기를 채취한다.
❷ 흐르는 물에 살짝 씻어 햇볕에 말린다.
❸ 유리병에 재료를 넣고 35도 이상의 소주를 부은 후 밀봉한다.
❹ 담금 3개월이 지나면 음용이 가능하지만, 오랫동안 숙성시켜 마시면 더욱 맛이 부드럽다.

:: **복용법** 취침 전 소주잔으로 한 잔 정도를 꾸준히 복용한다.
:: **주의점** 임산부나 혈붕인 환자는 복용을 금해야 한다.

가을날의 하늘타리 열매

이유 없이 바쁘기만 한 우리에게
가는 걸음 멈추어 잠시 여유를 즐기라 합니다.

하늘에 닿을 듯한 하늘타리의 열매가
반겨주는 산행길입니다.
하늘타리의 열매를 씻어서 물기를 제거한 후
술에 담금하여 봅니다.

잘 익어가는 열매를 선택하여
채취하도록 한다.

하늘타리주 천화분

열매가 하늘로 올라가는 것처럼 매달리기 때문에 '하늘타리'라고 한다. 주로 당뇨로 인한 소갈 해소에 쓰인다.
❋ 열매를 '과루' 또는 '천원자'라고 하는데, 객혈과 적리·백리를 치료하고 담을 제거하는 효능이 있다. 또한 열로 인한 갈증을 해소하고 변비를 치료한다.

열매 싱싱할 때 효소로 이용, 말려서 담금
뿌리 알맞은 크기로 잘라서 말려 다리거나 말려서 담금

재료 하늘타리의 열매 60g, 담금주용 소주(35도) 2.3L
채취 열매를 가을에 채취한다.

❶ 잘 익어가는 열매를 채취한다.
❷ 채취한 열매를 흐르는 물에 살짝 씻어 햇볕에 말린다.
❸ 유리병에 재료를 넣고 35도 이상의 소주를 부은 후 밀봉한다.
❹ 담금 3개월이 지나면 음용이 가능하지만, 오랫동안 숙성시켜 마시면 더욱 맛이 부드럽다.

:: **복용법** 취침 전 소주잔으로 한 잔 정도를 꾸준히 복용한다.
:: **주의점** 비위허한하거나 대변부실한 사람이나 한담과 습담이 있는 사람은 복용을 삼가한다.

헛개나무 열매의 모습

아는 것이 너무 많아 머리가 무거워지고
먹는 것이 너무 많아 몸이 무거워집니다.
한 번쯤은 빈 몸, 빈 마음으로
깊은 산속의 자연과 하나가 되어
니 것, 내 것의 구분을 없애고 싶습니다.

헛개나무를 흔들어 열매를 채취하여
술에 담금해 봅니다.

가을에 열매를 꼭지 째로
채취하여 말린다.

헛개나무주 지구자

헛개나무는 간장 질환과 알코올 중독을 해소하고, 혈액 순환을 촉진시킨다.

❋ 가을에 열매를 꼭지 째로 채취하여 말린다. 하루 9~15g을 환으로 만들거나 달여서 복용한다. 번열을 제거하고 갈증을 해소하는 효능이 있다. 또한 구토와 변비·소변이 잘 나오지 않는 증상을 치료한다.

열매 싱싱할 때 효소로 이용, 말려서 다리거나 담금
줄기 알맞은 크기로 잘라서 말려서 다리거나 담금

재료 헛개나무의 열매 30g, 담금주용 소주(35도) 0.9L
채취 열매를 가을에 채취한다.

❶ 헛개나무의 잘 익은 열매를 채취한다.
❷ 채취한 열매를 흐르는 물에 살짝 씻어 햇볕에 말린다.
❸ 유리병에 재료를 넣고 35도 이상의 소주를 부은 후 밀봉한다.
❹ 담금 3개월이 지나면 음용이 가능하지만, 오랫동안 숙성시켜 마시면 더욱 맛이 부드럽다.

:: **복용법** 취침 전 소주잔으로 한 잔 정도를 꾸준히 복용한다.
:: **주의점** 비위(脾胃)가 허한(虛寒)한 사람은 복용을 삼가한다.

회잎나무 열매들

처음 약초를 공부할 때는
산삼이나 상황버섯, 하수오만이
좋은 약초인 줄만 알았습니다.

가을날의 산행길
회잎나무의 예쁜 열매와 마주하였습니다.
가지까지 채취하여
술에 담금을 해 봅니다.

열매와 잔가지를 함께
채취하여 담금한다.

회잎나무주 좀화살나무, 횟잎나무

화살나무와 생김새가 흡사하나 잔가지에 코르크질의 날개가 없는 것이 특징이다.
❀ 열매는 10월에 붉은색으로 익으며 12월까지 달린다. 씨앗은 황적색의 종의(種衣)로 싸여 있으며 백색이다. 회잎나무는 혈을 잘 돌게 하고, 어혈을 없애 생리를 잘 통하게 한다. 또한 뱃속의 기생충을 살충하는 효능이 있다.

잎	어린 순을 차로 이용, 효소로 이용
열매	말려서 다리거나 말려서 담금
줄기	잔가지를 알맞게 잘라서 말려서 다리거나 담금

재료 회잎나무의 열매가 달린 잔가지 200g, 담금주용 소주 (35도) 1.6L

채취 가을에 열매가 달린 가지를 채취한다.

❶ 회잎나무의 열매와 잔가지를 함께 채취한다.
　　TIP 열매만 채취하여 담금하여도 좋다.
❷ 손질한 잔가지를 흐르는 물에 살짝 씻어서 그늘에서 말린다.
❸ 유리병에 재료를 넣고 35도 이상의 소주를 부은 후 밀봉한다.
❹ 담금 3개월이 지나면 음용이 가능하지만, 오랫동안 숙성시켜 마시면 더욱 맛이 부드럽다.

:: **복용법** 취침 전 소주잔으로 한 잔 정도를 꾸준히 복용한다.
:: **주의점** 잎의 생김새가 화살나무와 매우 유사하므로 채취할 때 주의가 필요하다.

PART 03

줄기로 담그는
약초주 16선

자연은 누구에게나 평등하며 봄, 여름, 가을, 겨울 언제나 우리를 반겨줍니다. 건강한 몸이 있어 산행을 할 수 있고, 산이 있어 그 건강을 지킬 수 있습니다. 이처럼 자연은 완전하여 우리들에게 필요한 것들을 다 내어놓습니다. 우리가 자연의 일부임을 배우고 자연과 동화되는 삶을 꿈꿔 봅니다.

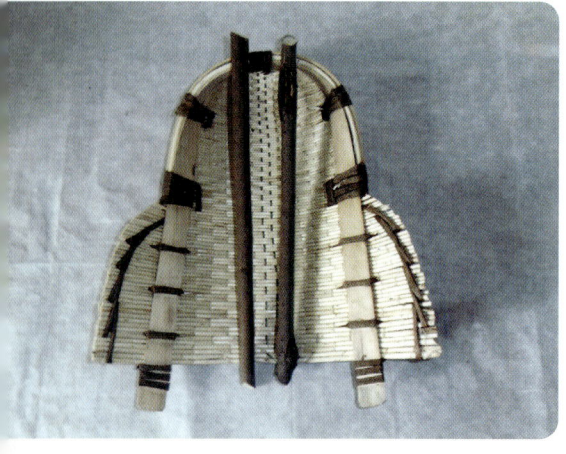

잘 우러난 감태나무주

감태나무는 겨울에도
잎을 떨구지 않습니다.
그 생명력이
우리에게 유익한 효능을 주는 걸까요?

감태나무 잎을 정리하고 나뭇가지를 잘 손질하여
씻어서 말린 후 담금을 해 봅니다.

사철 채취가 가능한
감태나무의 나무줄기

감태나무주

감태나무는 봄에 새순이 나올 때까지 단풍 든 잎을 달고 있다. 혈액순환을 촉진시키고, 중풍과 냉증 치료에 효과가 있다.

❀ 잎·줄기·열매·뿌리 모두를 약용할 수 있으며, 또한 사시사철 채취가 가능하다. 독이 없는 안전한 약초로 민간에서 위암이나 폐암·식도암·자궁암 및 각종 암에 달여서 먹는다.

줄기 알맞은 크기로 잘라 말려서 다리거나 담금

재료 감태나무 나무줄기 200g, 담금주용 소주(35도) 1.6L
채취 나무줄기는 사철 채취가 가능하다.

❶ 나무줄기를 채취한 후 잎을 제거하고 용기에 알맞게 자른다.
❷ 손질한 나무줄기를 흐르는 물에 살짝 씻어서 햇볕에 말린다.
❸ 유리병에 재료를 넣고 35도 이상의 소주를 부은 후 밀봉한다.
❹ 담금 3개월이 지나면 음용이 가능하지만, 오랫동안 숙성시켜 마시면 더욱 맛이 부드럽다.

:: **복용법** 취침 전 소주잔으로 한 잔 정도를 꾸준히 복용한다.
:: **주의점** 적당한 양을 복용하면 혈액순환을 돕는 좋은 효능을 기대할 수 있지만, 지나치면 위와 간을 해칠 수 있다.

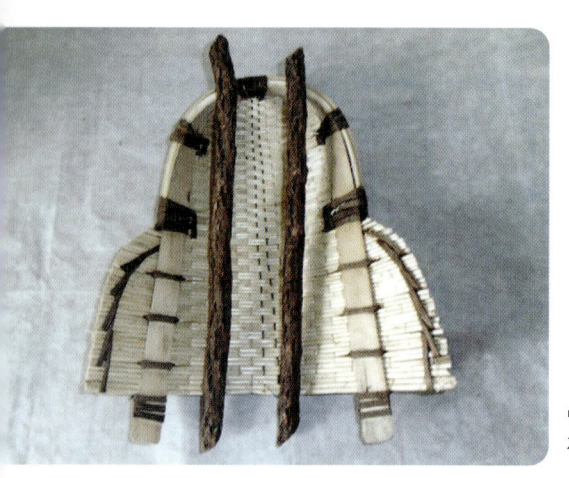

담쟁이덩굴을 채취하여 잎을
제거하고 담금한다.

소나무를 타고 올라가는 담쟁이 덩굴

언제나 자연은 말없이 그들의 자리를 지키고
자신을 가꾸고 다음을 위하여 아낌없이 비울 줄도 알며
순리에 응하는 모습을 보여 줍니다.

소나무를 타고 올라간 담쟁이덩굴입니다.
담쟁이를 모셔오면 소나무가 고맙다 할까요?
참나무와 소나무를 감고 올라간 것을 약으로 이용합니다.
소나무를 타고 올라간 봄의 담쟁이덩굴.
채취한 담쟁이덩굴을 잘 손질하여
담금을 진행합니다.

담쟁이덩굴주 지금

담쟁이덩굴은 근육통과 골절·반신불수 치료에 큰 효능이 있다. 주로 줄기를 사용하지만, 잎·열매·뿌리를 모두 약용한다. 맛이 달고 독은 없다.
❀ 민간에서는 관절염·근육통·요통 치료에 사용하였으며, 식욕부진·가래·어혈을 해소할 때는 물로 달여서 먹는다. 잘게 자른 담쟁이덩굴과 설탕을 같은 비율로 항아리에 넣고 효소로 만들어 이용하기도 한다.

줄기 알맞은 크기로 잘라 말려서 다리거나 담금

재료 담쟁이덩굴 200g, 담금주용 소주(35도) 1.6L
채취 덩굴을 사철 채취할 수 있다.

❶ 담쟁이의 덩굴을 채취하여 잎을 제거하고 준비한 병에 맞게 자른다.
❷ 덩굴 표면을 솔을 이용하여 부드럽게 문질러 손질한다.
❸ 유리병에 재료를 넣고 35도 이상의 소주를 부은 후 밀봉한다.
❹ 담금 3개월이 지나면 음용이 가능하지만, 오랫동안 숙성시켜 마시면 더욱 맛이 부드럽다.

:: **복용법** 취침 전 소주잔으로 한 잔 정도를 꾸준히 복용한다.
:: **주의점** 담쟁이덩굴을 맨손으로 만지면 손바닥에 촘촘한 가시가 박힌 것처럼 화끈거리므로 채취와 손질 시에 주의하여야 한다.

두충나무의 푸른 잎

갈 곳이 없다하면 없고
있다하면 있는
모든 것이 다 각자의 마음에 따른 것인 듯합니다.

푸르게 잎을 맺은
두충나무를 채취하여 술에 담금해 봅니다.

두충나무의 나무줄기는
사철 채취가 가능하다.

두충나무주

두충나무 껍질은 일반적으로 고혈압을 비롯한 여러 가지 질병에 약재로 쓰이며, 벌레도 먹지 않아 나무의 질이 좋으므로 가구의 재료로 이용된다.
* 두충나무는 혈액 속의 콜레스테롤 수치를 낮추며, 혈압 강하의 효과가 있다. 또한 뼈와 근골을 강하게 하고, 간과 신장을 보호한다.

줄기 알맞은 크기로 잘라 말려서 다리거나 담금

재료 두충나무 나무줄기 300g, 담금주용 소주(35도) 1.6L
채취 나무의 줄기를 사철 내내 채취 가능하다.

❶ 나무줄기를 채취하여 잎을 제거한 후에 담금 용기에 알맞게 자른다.
❷ 나무의 표면을 솔로 문질러 정리한 후 흐르는 물에 살짝 씻어 햇볕에 말린다.
❸ 유리병에 재료를 넣고 35도 이상의 소주를 부은 후 밀봉한다.
❹ 담금 3개월이 지나면 음용이 가능하지만, 오랫동안 숙성시켜 마시면 더욱 맛이 부드럽다.

:: **복용법** 취침 전 소주잔으로 한 잔 정도를 꾸준히 복용한다.
:: **주의점** 음허화동(陰虛火動)한 사람은 신중히 복용해야 한다. 현삼과 사퇴는 함께 복용하지 않는다.

소나무를 타고 올라간 마삭줄

주었다는 마음도 없고 기대하는 마음도 없어
그냥 존재하는 그런 자연 앞에 섰습니다.
주었다는 마음으로 바람이 있었고
바람이 있었기에 실망이 있음을 배우는 시간입니다.

하늘 높이 올라가는 마삭줄입니다.
몇 십 년을 소나무와 같이 하였을지...

마삭줄을 채취하여
줄기를 솔로 문지르고 손질하여 말려 담급니다.

마삭줄의 나무줄기

마삭줄주 낙석등

마삭줄은 잎과 줄기를 주로 사용하는데, 사철 채취하여 햇볕에 말려 잘라서 사용할 수 있다. 일반적으로 통풍과 사지경련·관절염 치료에 사용한다.

마삭줄은 주로 술에 담가 먹거나 가루로 만들어 쓴다. 풍습을 없애고 경락을 잘 통하게 하며, 근골을 튼튼하게 하며 관절을 순조롭게 한다. 때문에 요통과 편도염 치료에도 쓰인다.

줄기 알맞은 크기로 잘라 말려서 다리거나 담금

재료 마삭줄의 나무줄기 300g, 담금주용 소주(35도) 2.3L
채취 나무줄기를 사철 채취 가능하다.

❶ 나무줄기를 채취한 후 잎을 제거하고 용기에 알맞게 자른다.
❷ 나무줄기의 표면을 솔로 문지른 후 흐르는 물에 살짝 씻어 그늘에 말린다.
❸ 유리병에 재료를 넣고 35도 이상의 소주를 부은 후 밀봉한다.
❹ 담금 3개월이 지나면 음용이 가능하지만, 오랫동안 숙성시켜 마시면 더욱 맛이 부드럽다.

:: **복용법** 취침 전 소주잔으로 한 잔 정도를 꾸준히 복용한다.
:: **주의점** 독성을 함유하고 있으므로 쓰는 양에 주의가 필요하다.

비수리

자연은 근본이 변치 않으면서도 자연에 순응하며
계절에 따라 그 모습을 달리합니다.
지금은 자연이 자신의 모든 것을 내어주어
열매를 맺기 위한 준비하는 시기입니다.
그 자연의 위대함에 오늘도 작아지는 자신을 발견합니다.

좋은 효능 때문에 채취를 기다리는 비수리입니다.
필요한 만큼 채취하여
병 크기에 맞게 잘라서 담금합니다.

비수리는 꽃대가 올라올 쯤에
채취하는 것이 좋다.

비수리주 야관문

비수리의 지상부를 '야관문'이라고 하여 약으로 쓴다. 주로 당뇨병과 만성 기관지염·급성위염·설사 치료에 효능이 있다.

맛은 쓰며, 간신의 기능을 보호해 유정과 유뇨, 백대하 치료에 쓰인다. 또한 폐음을 강화시키므로 천식 치료에 사용되며, 유방염과 피부 종기 제거에도 이용된다.

지상부 말려서 술에 담금

재료 비수리의 줄기와 잎 100g, 담금주용 소주(35도) 1.6L
채취 뿌리를 제외한 지상부를 꽃대가 올라올 시기에 채취한다.

❶ 비수리의 지상부(줄기와 잎)를 채취한다.
❷ 흐르는 물에 살짝 씻어 그늘에 말린다.
❸ 유리병에 재료를 넣고 35도 이상의 소주를 부은 후 밀봉한다.
❹ 담금 3개월이 지나면 음용이 가능하지만, 오랫동안 숙성시켜 마시면 더욱 맛이 부드럽다.

:: **복용법** 취침 전 소주잔으로 한 잔 정도를 꾸준히 복용한다.
:: **주의점** 오염되지 않은 곳에서 자란 것을 채취하여 담금한다.

빼빼목의 가지와 잎
먼저 무엇을 만나러 갈 것인가를 정하고
다음으로 그 자생지를 찾아 나섭니다.
자생지를 찾아 나서지만
만날 수 있다는 보장은 없습니다.
그저 만날 수 있다면 감사한 일이고
만날 수 없다 하여도 감사한 일입니다.

빼빼목의 새순이 올라오는 시기,
잔가지를 잘라서 손질한 후 담금을 시작합니다.

빼빼목의 나무줄기

빼빼목주 신선목

빼빼목은 따뜻한 지역에서 희귀하게 자생하는 나무로, 맛은 달고 독은 없다.
달아서 먹으면 몸이 가벼워지고 살이 빠져 신선과 같이 된다고 하여 '신선목' 이라고도 한다.

❀ 빼빼목은 인체에 들어가면 간과 신장을 보호하고, 천연 이뇨제로 작용한다. 때문에 복수를 제거하고 살을 빼는 데 신효하다.

줄기 알맞게 자른 후 말려서 다리거나 말려서 담금

재료 빼빼목의 나무줄기 200g, 담금주용 소주(35도) 1.6L
채취 전초를 사철 채취 가능하다.

❶ 빼빼목 나무줄기를 채취하여 잎을 제거하고 병에 맞게 자른다.
❷ 덩굴 표면을 솔을 이용하여 부드럽게 문질러 손질한 후, 흐르는 물에 씻어 햇볕에 말린다.
❸ 유리병에 재료를 넣고 35도 이상의 소주를 부은 후 밀봉한다.
❹ 담금 3개월이 지나면 음용이 가능하지만, 오랫동안 숙성시켜 마시면 더욱 맛이 부드럽다.

:: **복용법** 취침 전 소주잔으로 한 잔 정도를 꾸준히 복용한다.
:: **주의점** 몸이 너무 말랐거나 음양양허한 환자는 복용 시에 더 마르고 허해질 수 있으므로 이용에 주의해야 한다. 또한 임신부는 가능한 신선목을 쓰지 않는 것이 바람직하다.

사위질빵의 줄기와 잎

몸이 허락을 하여야 하고
마음이 허락을 하여야 하고
하늘이 허락을 하여야 합니다.
이 모든 조건이 허락을 할 때만이 가능한 산행.

채취한 사위질빵을 손질하고 말려
술에 담금합니다.

'사위질빵' 이름의 유래

자신의 사위가 일하는데 힘들 것을 염려한 장모는 늘 사위가 짊어진 짐을 덜어 내곤 했다. 그것을 본 사람들이 잘 끊어지고 연약한 덩굴인 사위질빵으로 지게를 만들어도 끊어지지 않겠다며 사위를 놀렸다. 그 뒤로 '사위질빵' 이라는 이름이 생겼다.

사위질빵주 여위

사위질빵은 가을에 지상부를 채취하여 껍질을 벗기고 잘라서 햇볕에 말려 쓴다. 일반적으로 근골 신경통과 부종·이질·설사를 치료하는데 쓰인다.

❋ 사위질빵의 줄기에는 유기산과 소량의 알칼로이드가 함유되어 있다. 때문에 이질과 설사를 치료하고, 임신 중 전신이 붓는 증상을 완화시킨다.
또한 근육과 뼈의 마디가 아프고 욱씬거리는 증상을 치료하므로 신경통에도 이용된다.

줄기 알맞게 자른 후 말려서 다리거나 말려서 담금

재료 사위질빵의 줄기 30g, 담금주용 소주(35도) 0.9L
채취 잎이 지는 가을에서 이른 봄까지 줄기를 채취한다.

❶ 사위질빵의 오래된 줄기를 채취하여 용기에 알맞게 자른다.
❷ 잎을 제거하고 줄기를 솔로 문질러 흐르는 물에 잘 씻어서 햇볕에 말린다.
❸ 유리병에 재료를 넣고 35도 이상의 소주를 부은 후 밀봉한다.
❹ 담금 3개월이 지나면 음용이 가능하지만, 오랫동안 숙성시켜 마시면 더욱 맛이 부드럽다.

:: **복용법** 취침 전 소주잔으로 한 잔 정도를 꾸준히 복용한다.
:: **주의점** 독성을 함유하고 있어 생으로 식용하면 구토나 설사를 일으킬 수 있으므로 주의한다.

겨울날의 산청목

바람이 세차게 부는 겨울날입니다.
잎이 떨어져 다시 봄을 준비해야 하는 자연의 이치에 귀를 기울여
바람이 자연의 손과 발이 되어 잎을 떨구고 있습니다.
우리는 어쩌면 바람의 존재보다도 나약할지 모릅니다.
누군가를 위하여 마음을 내기가 쉽지 않게 때문입니다.
바람이 세차게 부는 날의 들풀 생각입니다.

귀하게 만난 산청목입니다.
잔가지를 채취하여 담금을 합니다.

산청목의 나무줄기는
겨울에 채취하는 것이 좋다.

산청목주 벌나무

벌들이 많이 모여든다고 해서 '벌나무', '봉목(蜂木)'이라고 한다. 맛이 담백하다. 주로 청혈제와 이수제로 쓴다.
❀ 산청목은 간의 온도를 정상으로 유지시키고 수분의 배설을 돕기 때문에 간에서 발생하는 여러 가지 질병 치료에 이용된다.
잎·줄기·가지·뿌리 등 모든 부분을 약으로 쓰는데, 간암·간경화·간위 등의 여러 가지 간질환 치료에 탁월한 효과가 있다.

줄기 잔가지를 알맞은 크기로 잘라서 말려 다리거나 담금

재료 산청목의 나무줄기 300g, 담금주용 소주(35도) 2.3L
채취 나무줄기를 채취한다. 사철 채취가 가능하지만 겨울에 채취하는 것이 더 좋다.

❶ 산청목의 나무줄기를 채취한 후 잎을 제거하고 용기에 맞게 자른다.
❷ 채취한 나무줄기를 흐르는 물에 살짝 씻어서 햇볕에 말린다.
❸ 유리병에 재료를 넣고 35도 이상의 소주를 부은 후 밀봉한다.
❹ 담금 3개월이 지나면 음용이 가능하지만, 오랫동안 숙성시켜 마시면 더욱 맛이 부드럽다.

:: **복용법** 취침 전 소주잔으로 한 잔 정도를 꾸준히 복용한다.
:: **주의점** 벌나무는 희귀하여 구하기 어려운데 구할 수 없을 때에는 노나무를 대신 쓰면 비슷한 효과를 얻을 수 있다. 처음에 조금씩 쓰다가 차츰 양을 늘리는 것이 안전하다.

여름에서 가을 사이에 뿌리를
제외한 지상부를 채취한다.

야산에 돋아난 속새 무리

완전하지 못한 사람이기에
아는 척, 잘난 척, 있는 척.
이런 마음을 버리려
오늘도 자연 속으로 들어가 봅니다.

깊은 산지의 응달진 습지에서
무리지어 자라는 속새입니다.
속새의 지상부를 잘라서 말린 후
속새주를 담급니다.

속새주 목적

속새는 위암·간암 등 여러 가지 암증 치료에 효능이 있으며, 설사와 치질 증상을 완화시키고, 시력증진에 도움을 준다.

❀ 속새의 줄기 표면에는 20~30 갈래의 세로 능선이 있고 각 능선마다 작은 사마귀 모양의 돌기가 있다. 지상부를 약으로 이용하면, 풍열로 인해 눈에 충혈이 생기고 눈꼽과 백태(白苔)가 끼며 시력이 어두워지는 증상과 화독으로 인한 종기를 치료할 수 있다.

지상부 알맞은 크기로 잘라서 말려 다리거나 말려서 담금

재료 속새의 지상부 30g, 담금주용 소주(35도) 1.6L
채취 속새의 지상부를 여름에서 가을 사이에 채취한다.

❶ 속새의 지상부를 채취하여 담금 용기에 맞게 자른다.
❷ 흐르는 물에 잘 씻어서 햇볕에 말린다.
❸ 유리병에 재료를 넣고 35도 이상의 소주를 부은 후 밀봉한다.
❹ 담금 3개월이 지나면 음용이 가능하지만, 오랫동안 숙성시켜 마시면 더욱 맛이 부드럽다.

:: **복용법** 취침 전 소주잔으로 한 잔 정도를 꾸준히 복용한다.
:: **주의점** 기혈이 허한 환자는 복용에 주의해야 한다. 또한 많은 양을 복용하면 중독될 수 있으니 주의한다.

이른 봄의 엄나무순

누구에게 보여주기 위함도 아니고
자랑하기 위함도 아니고
어떤 바람이 있어서도 아닐 것인데
이렇게 아름답게 자신을 가꾸어 온 자연에 감사합니다.

엄나무의 순이 나오기 시작하는 이른 봄입니다.
활짝 핀 엄나무의 순입니다.
엄나무 줄기를 잘라 말려서 술에 담급니다.

오래된 줄기를 채취하는데,
줄기의 가시를 제거하고 이용한다.

엄나무주 해동피, 음나무

나무줄기에 붙은 가시의 생김새가 위엄이 있어 보인다 하여 '엄나무'라고 부른다. 껍질을 벗겨 가시와 먼지를 제거하고 햇볕에 말려서 쓴다. 사철 채취가 가능한데, 특히 봄에 채취하면 껍질을 벗기기 쉽다.

❋ 껍질의 맛은 쓰고 매우며 독은 없다. 풍사와 습사를 없애며, 경락을 통하게 하고 기생충을 구제하는 효능이 있다. 때문에 피부병·종기·암 등의 염증 질환과 관절염·신경통에 탁월한 치료 효과가 있다.

잎	차(어린 새순), 생재를 효소로 이용
줄기	알맞은 크기로 자른 후 말려서 다리거나 담금

재료 엄나무의 줄기 200g, 담금주용 소주(35도) 2.3L
채취 잎이 지는 가을에서 이른 봄까지 줄기를 채취한다.

❶ 엄나무의 오래된 줄기를 채취하여 용기에 맞게 자른다.
❷ 줄기에 있는 가시를 제거한 후 솔로 문질러 손질한다.
❸ 흐르는 물에 잘 씻어서 햇볕에 말린다.
❹ 유리병에 재료를 넣고 35도 이상의 소주를 부은 후 밀봉한다.
❺ 담금 3개월이 지나면 음용이 가능하지만, 오랫동안 숙성시켜 마시면 더욱 맛이 부드럽다.

:: **복용법** 취침 전 소주잔으로 한 잔 정도를 꾸준히 복용한다.
:: **주의점** 혈허한 사람은 복용을 삼가한다.

늦가을의 으름덩굴

으름덩굴이 자연의 순리에 따라
잎을 버리고 겨울나기를 준비합니다.

서로를 의지하며 살아가는 으름덩굴을
필요한 만큼 채취하여
술에 담급니다.

줄기를 채취한 후
솔로 문질러 손질한다.

으름덩굴주 목통

으름덩굴을 '목통', 열매를 '팔월찰'이라고 한다. 강심·항암·혈압조절의 효능이 있으며, 이뇨 작용과 염증 치료에 효능이 있다.

맛은 달고 독은 없다. 보통 물로 달여서 복용하거나 술에 담가 복용한다. 혈액 순환을 촉진시키고 통증을 완화시키며, 간의 기운을 완화시키고 기의 순환을 조절한다.

줄기	알맞은 크기로 잘라서 말려 다리거나 말려서 담금
열매	열매가 익어갈 때 효소로 이용, 열매가 벌어지기 전에 물기를 제거하고 담금

재료 으름덩굴의 줄기 200g, 담금주용 소주(35도) 2.3L
채취 가을에 줄기(또는 열매)를 채취한다.

❶ 으름덩굴의 줄기를 가을에 채취한다.
❷ 줄기의 표면을 솔로 문질러 손질하고, 흐르는 물에 살짝 씻어서 햇볕에 말린다.
❸ 유리병에 재료를 넣고 35도 이상의 소주를 부은 후 밀봉한다.
❹ 담금 3개월이 지나면 음용이 가능하지만, 오랫동안 숙성시켜 마시면 더욱 맛이 부드럽다.

:: **복용법** 취침 전 소주잔으로 한 잔 정도를 꾸준히 복용한다.
:: **주의점** 비(脾)가 허(虛)해서 설사하는 사람은 복용을 삼가한다.

자귀나무의 잎과 가지

나무를 집안이나 정원에 심으면
가정이 행복해진다는 전설이 내려오는
자귀나무입니다.
파란 하늘을 향해 자라나고 있는 자귀나무.

자귀나무를 씻어 말린 후 담금합니다.

자귀나무의 나무줄기는
사철 채취가 가능하다.

자귀나무주 <small>합환목, 여설목</small>

콩과 식물로 10월이 되면 열매가 콩깍지 모양으로 익는다. 모든 나무가 잎을 떨구는 겨울바람이 불어올 때면 자귀나무의 열매가 바람에 부딪혀 소리가 나는데, 이것이 마치 여자의 혀 같다고 하여 '여설목'이라 불린다.
❋ 자귀나무는 주로 정신안정을 도와 불면증을 치료하고, 근골통을 치료하는 효능이 있다.

꽃   세척 후 물기를 제거한 후 담금
줄기 알맞은 크기로 잘라서 말려서 다리거나 담금

재료 자귀나무의 나무줄기 200g, 담금주용 소주(35도) 1.6L
채취 나무줄기를 사철 채취가 가능하다.

❶ 자귀나무의 나무줄기를 채취한 후 잎을 제거하고 용기에 맞게 자른다.
❷ 채취한 나무줄기를 흐르는 물에 살짝 씻어서 햇볕에 말린다.
❸ 유리병에 재료를 넣고 35도 이상의 소주를 부은 후 밀봉한다.
❹ 담금 3개월이 지나면 음용이 가능하지만, 오랫동안 숙성시켜 마시면 더욱 맛이 부드럽다.

:: **복용법** 취침 전 소주잔으로 한 잔 정도를 꾸준히 복용한다.
:: **주의점** 적당한 양을 복용하면 혈액순환을 돕는 좋은 효능을 기대할 수 있지만, 지나치면 위와 간을 해칠 수 있다.

잘 우러난 접골목주

다리품만으로도
자연이 거두고 길러낸
여러 가지 약초들을 만날 수 있습니다.

접골목입니다.
채취한 후 잘 말려서 술에 담금합니다.

겨울에 채취한 나무줄기가
효능이 더 좋다.

접골목주

뼈를 붙이는데 신효한 효능이 있다고 해서 '접골목'이라 부른다. 꽃과 열매는 이뇨제와 구토제로 쓰고, 줄기는 신경쇠약을 치료하는데 쓴다.
* 골다공증 치료에 주로 사용되며, 기미와 주근깨를 없애는 효능도 있다.

잎	이른 봄 연한 잎을 효소로 이용
열매	말려서 담금
줄기	알맞은 크기로 잘라서 말려 다리거나 말려서 담금

재료 접골목의 나무줄기 200g, 담금주용 소주 (35도) 2.3L

채취 나무줄기는 사철 채취가 가능하지만, 겨울에 채취하는 것이 더 좋다. 열매는 가을에 채취한다.

❶ 접골목의 나무줄기를 채취한 후 용기에 맞게 자른다.
   TP 작게 조각내어 잘라도 무방하다.
❷ 나무줄기의 겉껍질을 솔로 문질러 정리한 후 흐르는 물에 살짝 씻어 햇볕에 말린다.
❸ 유리병에 재료를 넣고 35도 이상의 소주를 부은 후 밀봉한다.
❹ 담금 3개월이 지나면 음용이 가능하지만, 오랫동안 숙성시켜 마시면 더욱 맛이 부드럽다.

:: **복용법** 취침 전 소주잔으로 한 잔 정도를 꾸준히 복용한다.
:: **주의점** 이뇨 작용이 있으므로 많이 복용하면 토하거나 설사를 일으킬 수 있다. 때문에 과량 복용해서는 안 되며 임산부는 복용을 삼가한다.

천삼은 보호종이므로
채취에 주의한다.

눈 속의 천삼 나무줄기

온통 눈으로 하얀 세상.
눈을 즐기는 이
안타까움에 발을 동동 구르는 이
무덤덤한 이
오늘 하루 어느 쪽이셨습니까?

눈 속의 천삼을 만났습니다.
천삼을 채취한 후 겉껍질을 손질하고 씻어서 말립니다.
좋은 향의 천삼주를 기대합니다.

천삼주 땃두릅나무, 인삼나무

인삼에 버금가는 강장 작용이 있다 하여 '인삼나무'라고도 한다. 줄기와 잎, 꽃과 뿌리에 사포닌과 알칼로이드·플라보노이드·정유 성분이 함유되어 있다.

❋ 몸이 허약할 때나 정신과 육체의 피로·신경쇠약·정신분열증·성기능 저하에 치료 효과가 있다.

잎	어린 잎을 효소로 이용
열매	말려서 담금
줄기와 뿌리	알맞은 크기로 잘라 말려 다리거나 말려서 담금

재료 천삼의 나무줄기 200g, 담금주용 소주(35도) 1.6L
채취 나무줄기를 가을에서 겨울 사이에 채취한다.

❶ 나무줄기를 채취해 잎을 제거하고 용기에 맞게 자른다.
❷ 겉껍질을 솔로 문질러 정리한 후 흐르는 물에 살짝 씻어 그늘에서 말린다.
❸ 유리병에 재료를 넣고 35도 이상의 소주를 부은 후 밀봉한다.
❹ 담금 3개월이 지나면 음용이 가능하지만, 오랫동안 숙성시켜 마시면 더욱 맛이 부드럽다.

 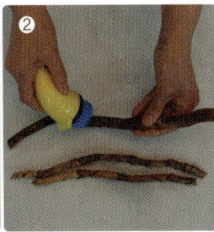 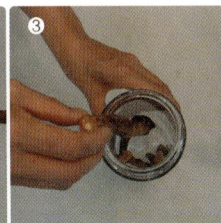 

:: **복용법** 취침 전 소주잔으로 한 잔 정도를 꾸준히 복용한다.
:: **주의점** 적당한 양을 복용하면 혈액순환을 돕는 좋은 효능을 기대할 수 있지만, 지나치면 위와 간을 해칠 수 있다.

칠해목의 꽃과 나무줄기

좋은 말, 칭찬만을 기대하는 모습을 버리고
누군가의 충고에도 감사할 수 있는
큰마음으로 다시 나고 싶습니다.

칠해목입니다.
옻이 올랐을 때 요긴하게 쓰일 듯합니다.
칠해목의 줄기를 잘 씻어 말려서 담금합니다.

칠해목은 7~8월에
채취하는 것이 가장 좋다.

칠해목주 까마귀밥여름나무

열매에 여러 가지 유기산이 함유되어 있다. 7~8월에 열매가 익을 때 채취해서 햇볕에 말려 쓴다. 열매는 열을 내리고 갈증을 해소시키며 진액의 생성을 촉진시킨다. 줄기는 옻독을 해독하는데 신효한 효능이 있다.

줄기 알맞은 크기로 잘라서 말려 다리거나 담금
열매 생재를 효소로 이용, 말려서 다리거나 담금

재료 칠해목의 나무줄기 200g, 담금주용 소주(35도) 1.6L
채취 나무줄기를 채취한다. 사철 채취가 가능하다.

❶ 칠해목의 나무줄기를 채취한 후 잎을 제거하고 용기에 맞게 자른다.
❷ 겉표면을 솔로 문질러 손질한 후, 흐르는 물에 살짝 씻어 그늘에서 말린다.
❸ 유리병에 재료를 넣고 35도 이상의 소주를 부은 후 밀봉한다.
❹ 담금 3개월이 지나면 음용이 가능하지만, 오랫동안 숙성시켜 마시면 더욱 맛이 부드럽다.

:: **복용법** 취침 전 소주잔으로 한 잔 정도를 꾸준히 복용한다.
:: **주의점** 부작용이 거의 없는 약초이지만, 체질에 따라 약간의 과민반응이 일어나면 복용을 중지한다.

가을의 화살나무

가겠다는 약속을 미리 할 필요도 없습니다.
언제나 누구라도 받아주는
넓은 자연의 품속이기 때문입니다.

가을의 화살나무에도 단풍이 들고 있습니다.
화살나무를 채취하여 말려서
담금을 하였습니다.

화살나무의 잎이 지면
잔가지를 채취한다.

화살나무주 귀전우

화살나무는 항암 작용을 하며, 당뇨병과 산후질환에 효험이 있다. 화살나무의 열매는 붉은색으로 익으면 껍질이 벗겨지면서 주홍색 씨가 드러난다. 생김새가 유사하지만 가지에 날개가 없는 것은 '회잎나무' 라고 한다.
파혈과 살충의 효능이 있다. 때문에 무월경증이나 산후의 어체에 의한 복통, 충적에 의한 복통을 치료한다.

| 잎 | 채(어린 순), 효소로 이용 |
| 줄기 | 잔가지를 알맞은 크기로 잘라서 다거나 말려서 담금 |

재료 화살나무의 잔가지 200g, 담금주용 소주(35도) 1.6L
채취 잎이 지는 가을에 잔가지를 채취한다.

❶ 화살나무의 잔가지를 채취하여 용기에 맞게 자른다.
❷ 손질한 잔가지를 흐르는 물에 살짝 씻어서 그늘에서 말린다.
❸ 유리병에 재료를 넣고 35도 이상의 소주를 부은 후 밀봉한다.
❹ 담금 3개월이 지나면 음용이 가능하지만, 오랫동안 숙성시켜 마시면 더욱 맛이 부드럽다.

:: **복용법** 취침 전 소주잔으로 한 잔 정도를 꾸준히 복용한다.
:: **주의점** 임신부는 복용을 삼가한다.

PART 04

뿌리로 담그는
약초주 40선

주위를 돌아보면 우리에게 필요한 약초들이 지천으로 자라고 있습니다. 그렇지만 모르고 대하면 한낱 풀과 나무에 지나지 않겠지요? 처음 산행을 시작할 때는 다 같은 풀, 비슷한 나무인 듯한 것들이 관심으로 지켜보면 점차 특성이 보이고 구분이 되기 시작할 것입니다.

여름의 개머루덩굴

좋은 말만 들으려 하고 칭찬만을 기대합니다.
칭찬받고 싶은 나를 버리고
내 마음 속 열등감을 버려
누군가의 충고에도 감사할 수 있는
큰마음으로 거듭나기를 바라봅니다.

겨울에 개머루덩굴의 뿌리를 채취하여
술에 담금해 봅니다.

뿌리가 잘리지 않게 주의해서
채취한다.

개머루덩굴주 사포도

개머루덩굴은 간염과 폐결핵·폐농양·관절염 치료에 효험이 있다. 주로 수액을 받아서 먹거나 뿌리를 비롯한 덩굴 전체를 약용한다.

뿌리의 맛은 달며 독이 없다. 열을 내리고 해독하며, 습사와 풍사를 제거하고 어혈을 배출시키는 효능이 있다. 때문에 폐와 장의 농양·풍습통·타박상·옹창·화상 치료에 쓰인다. 물에 달여 복용하거나 짓찧은 즙을 생으로 복용한다.

줄기와 뿌리 알맞은 크기로 잘라서 말려 다리거나 담금
열매 물기를 제거한 후 담금, 생재를 효소로 이용

재료 개머루덩굴 뿌리 200g, 담금주용 소주(35도) 2.3L
채취 줄기와 뿌리를 겨울에, 열매는 가을에 채취한다.

❶ 뿌리를 잘리지 않게 채취한다.
❷ 흐르는 물에서 솔로 문질러 씻은 후 그늘에 말린다.
❸ 유리병에 재료를 넣고 35도 이상의 소주를 부은 후 밀봉한다.
❹ 담금 3개월이 지나면 음용이 가능하지만, 오랫동안 숙성시켜 마시면 더욱 맛이 부드럽다.

:: **복용법** 취침 전 소주잔으로 한 잔 정도를 꾸준히 복용한다.
:: **주의점** 줄기 속에 벌레가 기생하여 썩어 있는 경우가 많으므로, 채취 후에 세심하게 손질해 사용해야 한다.

뿌리가 잘리지 않게
주의해서 채취한다.

이른 봄의 고들빼기 잎

시간을 예약하지 않아도
언제나 그곳에서 나를 기다리는 친구.
힘들 때도, 기쁨을 주체할 수 없을 때도
그저 말없이 다 안아주는 친구.
이런 친구가 있음에 어찌 행복하지 않을 수 있을까요.
산과 들은 나에게 그런 친구입니다.

어린 고들빼기는 나물이나 장아찌용으로도 좋습니다.
나이가 있는 고들빼기 뿌리는
채취하여 술에 담금합니다.

고들빼기주 씀바귀, 고채

고들빼기는 일반적으로 건위 작용을 하여 소화장애와 약한 설사 치료에 효과가 있다. 전초에 비타민 A·B1·철분이 풍부하게 함유되어 있다. 특히 철과 비타민, 칼슘의 함량은 시금치보다 높다고 한다.

❀ 뿌리에는 찬 성질을 있어서 오장(五臟)의 나쁜 기운과 열기를 없애주고, 심신을 안정시키며 잠을 몰아내는 효과가 있다. 때문에 수험생이나 스트레스가 심한 사람에게 좋으며, 기침을 할 때나 소변 색이 붉고 요도에 통증이 있을 때 사용하여도 좋다.

뿌리 말려서 다리거나 말려서 담금
전초 이른 봄 생재를 효소로 이용

재료 고들빼기 뿌리 30g, 담금주용 소주(35도) 0.9L
채취 잎이 지는 가을에서 이른 봄까지의 뿌리를 채취한다.

❶ 고들빼기의 오래된 뿌리를 잘리지 않게 채취한다.
❷ 잎을 제거하고 뿌리를 흐르는 물에 잘 씻어서 햇볕에 말린다.
❸ 유리병에 재료를 넣고 35도 이상의 소주를 부은 후 밀봉한다.
❹ 담금 3개월이 지나면 음용이 가능하지만, 오랫동안 숙성시켜 마시면 더욱 맛이 부드럽다.

:: **복용법** 취침 전 소주잔으로 한 잔 정도를 꾸준히 복용한다.
:: **주의점** 설사를 자주 하는 사람은 먹지 않는 것이 좋다.

고본의 푸른 잎

비가 내리는 날은?
사랑을 하고 있는 사람들은 내리는 빗방울 수만큼 누군가를 사랑할 것이라 하고
슬픔을 견디고 있는 사람들은 나의 눈물이 비가 되어 내린다 생각할 것입니다.
나에게 이 비는
잘난 척, 있는 척, 하는 척, 아닌 척, 웃는 척...
그런 나를 녹여주는 생명수라 생각됩니다.

고본은 전국의 깊은 산골에서 자생하고 있습니다.
고본을 담금하여 여러 해 동안 잘 우러냅니다.

고본주

고본은 일반적으로 두통이나 발열·가래·콧물 치료에 이용된다. 뿌리를 약으로 이용하는데, 색과 향기가 뛰어나 차와 술 등으로 개발할 가치가 크다고 한다.

뿌리에 휘발성 정유를 함유하고 있어, 진정·진통·해열·항염증 작용을 나타낸다. 특히 머리가 아픈 것을 그치게 하는데 효과가 있다.

또한 백선균에 강한 억제 작용이 있어 신경성 피부염이나 가려움증, 피부의 발진을 진정시킨다.

전초 이른 봄 생재를 효소로 이용, 말려서 다리거나 담금

재료 고본의 뿌리(또는 전초) 100g, 담금주용 소주(35도) 2.3L
채취 가을에서 이른 봄까지 뿌리(또는 전초)를 채취한다.

❶ 고본의 뿌리를 채취한다.
  > TIP 고본의 전초를 채취하여도 좋다.
❷ 흐르는 물에 잘 씻어서 그늘에 말린다.
❸ 유리병에 재료를 넣고 35도 이상의 소주를 부은 후 밀봉한다.
❹ 담금 3개월이 지나면 음용이 가능하지만, 오랫동안 숙성시켜 마시면 더욱 맛이 부드럽다.

:: **복용법** 취침 전 소주잔으로 한 잔 정도를 꾸준히 복용한다.
:: **주의점** 열로 발생한 두통이나, 혈분이 부족하여 생기는 두통이 있는 사람은 복용을 금한다.

고삼의 오래된 뿌리

약초산행이라 하여 특별한 곳을 가는 것은 아닙니다.
꼭 만나야 될 것이 있으면 그것들의 자생지나 보아둔 자리를 찾아가지만,
어떤 것을 꼭 만나야 한다는 생각보다는
이곳에는 무엇들이 또 나를 반겨줄까 하는 마음으로 즐기며
산을 다닙니다.
아는 만큼 보이기에 평소에 약초들을 눈에 익혀두면 더 좋겠지요?

큰 키를 자랑하는 고삼입니다.
땀 흘려 채취한 고삼이 자랑스럽습니다.
칡뿌리를 닮은듯한 고삼의 뿌리를 술에 담가 봅니다.

고삼주 느삼, 도둑놈의 지팡이

맛은 쓰지만 인삼과 같은 효능이 있다고 하여 '고삼'이라고 한다.

❀ 고삼은 식물 전체에 알칼로이드가 함유되어 있다. 가을에 뿌리를 채취하여 물에 씻어서 말린다. 고삼의 채취는 봄과 가을에 하는데, 특히 가을에 채취한 것이 효능이 더 좋다고 한다.
이뇨와 해열 작용이 있어 황달이나 배뇨곤란, 습진·옴·마른버짐 등의 치료에 사용되며, 살충제로 쓰이기도 한다.

뿌리　알맞은 크기로 잘라서 다리거나 말려서 담금
　　　(독성이 있으므로 소량을 사용)

재료　고삼 뿌리 700g,　담금주용 소주(35도) 7L
채취　가을에서 이른 봄까지 뿌리를 채취한다.

❶ 고삼의 오래된 뿌리를 잘리지 않게 채취한다.
❷ 흐르는 물에 솔로 문질러 씻은 후 햇볕에 말린다.
❸ 유리병에 재료를 넣고 35도 이상의 소주를 부은 후 밀봉한다.
❹ 담금 3개월이 지나면 음용이 가능하지만, 오랫동안 숙성시켜 마시면 더욱 맛이 부드럽다.

:: **복용법**　취침 전 소주잔으로 한 잔 정도를 꾸준히 복용한다.
:: **주의점**　독성이 있으므로 소량을 음용하며, 위가 약한 사람은 주의해서 복용한다.

봄날의 풍성한 구릿대의 잎

우리가 자연의 일부임을 인정하고
자연을 사랑하는 마음으로 세상을 바라보면
여유가 생깁니다.
내일의 걱정은 내려놓고
그냥 나설 수 있음에 감사합니다.

구릿대의 풍성한 모습입니다.
구릿대 뿌리를 채취하여 잘 말려
술에 담금해 봅니다.

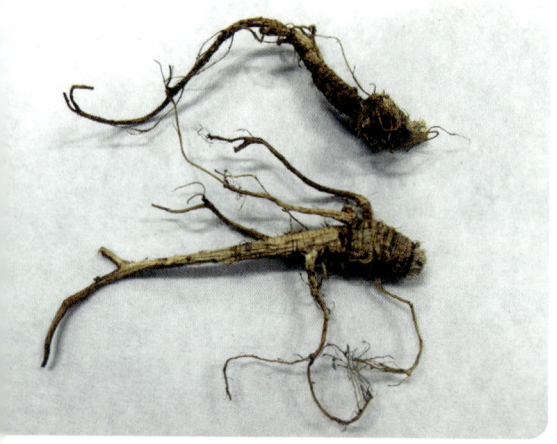

건조시킨 구릿대의 뿌리

구릿대주 백지

구릿대는 일반적으로 진정·진경·억균 작용을 한다. 뿌리의 맛은 달고 매우며 독은 없다. 뿌리에 정유가 많이 함유되어 있어 항균 작용을 한다. 때문에 습을 제거하고 풍사를 몰아내며, 부기를 가라앉히고 통증을 완화시키는 효능이 있다.

뿌리 말려서 다리거나 말려서 담금
전초 이른 봄 생재를 효소로 이용

재료 구릿대 뿌리 30g, 담금주용 소주(35도) 0.9L
채취 가을에서 이른 봄까지 뿌리를 채취한다.

❶ 구릿대의 뿌리 중 튼튼한 부분을 골라 채취한다.
❷ 뿌리에 흙이 남지 않도록 흐르는 물에 씻은 후 햇볕에 말린다.
❸ 유리병에 재료를 넣고 35도 이상의 소주를 부은 후 밀봉한다.
❹ 담금 3개월이 지나면 음용이 가능하지만, 오랫동안 숙성시켜 마시면 더욱 맛이 부드럽다.

:: **복용법** 취침 전 소주잔으로 한 잔 정도를 꾸준히 복용한다.
:: **주의점** 음허혈열(陰虛血熱)한 환자, 화(火)로 인하여 구토하는 환자는 복용을 금한다.

나도하수오의 잎과 뿌리

백하수오.. 적하수오.. 나도하수오..
하수오의 종류는 참으로 많은 듯합니다.
나도하수오라는 이름에 왠지 모를 정겨움이 묻어나
웃음을 자아내기도 했던 약초.
이 야생의 식물을 이용하여 담금주를 만들어 봅시다.

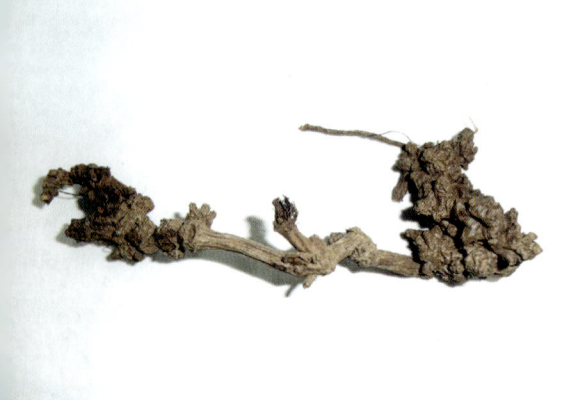

채취한 나도하수오의 뿌리

나도하수오주 화탄모

나도하수오는 일반적으로 청력장애 개선에 효과가 있다. 때문에 이명증과 현기증 완화에 도움을 준다. 이 밖에 혈액순환과 허약체질개선, 설사와 황달 치료에 효험이 있다.

❀ 뿌리를 가을에서 이른 봄까지 채취한다. 맛은 시고 달며 독은 없다. 포화 지방산인 스테알린산과 팔미틴산, 불포화 지방산인 오레인산과 리놀산이 함유되어 있다. 현기증·이명증·청력장애를 치료하고, 고혈압과 백대하·타박상에도 치료 효과가 있다.

뿌리   알맞은 크기로 잘라서 말려서 다리거나 담금
전초   이른 봄 생재를 효소로 이용

재료   나도하수오의 뿌리 100g, 담금주용 소주(35도) 1.6L
채취   뿌리를 가을에서 이른 봄까지 채취한다.

❶ 전초를 채취하여 잎을 제거하고 뿌리만 쓴다.
❷ 손질한 뿌리를 흙이 남지 않도록 솔로 닦아내고 잘 씻어 햇볕에 말린다.
❸ 유리병에 재료를 넣고 35도 이상의 소주를 부은 후 밀봉한다.
❹ 담금 3개월이 지나면 음용이 가능하지만, 오랫동안 숙성시켜 마시면 더욱 맛이 부드럽다.

:: **복용법**   취침 전 소주잔으로 한 잔 정도를 꾸준히 복용한다.
:: **주의점**   적당한 양을 복용하면 혈액순환을 돕는 좋은 효능을 기대할 수 있지만, 지나치면 위와 간을 해칠 수 있다.

단풍마의 굵은 뿌리
싫다 좋다는 말없이 묵묵히 그 자리에 존재하고
자신을 다 버려 우리의 몸을 치유하는 자연 앞에
참으로 부끄러운 오늘입니다.

굵은 단풍마의 줄기 발견했습니다.
단풍마는 뿌리가 풍성하여
하나만 채취해도 가방이 풍성해집니다.
채취한 단풍마를 씻고 말려서 담금을 합니다.

건조시킨 단풍마 뿌리

단풍마주 천산룡

단풍마는 고혈압과 동맥경화를 완화시키고, 거담 · 천식 · 진해 작용을 한다.
뿌리에 스테롤형 사포닌을 함유하고 있다. 가을에 뿌리 줄기를 캐어 가는 뿌리를 제거하고, 코르크 껍질을 벗겨 내어 햇볕에 말려 쓴다.
심혈관질환이나 만성기관지염 · 갑상선 기능 항진증과 갑상선종을 개선하며, 혈액순환과 이뇨 작용을 돕는다. 소화불량이나 말라리아 치료에도 효험이 있다.

뿌리 알맞은 크기로 잘라서 말려 다리거나 말려서 담금, 생재를 효소로 이용

재료 단풍마의 뿌리 200g, 담금주용 소주(35도) 2.3L
채취 뿌리를 잎이 지는 가을에서 이른 봄까지 채취한다.

❶ 단풍마의 뿌리를 채취한 후 가는 뿌리는 제거한다.
❷ 손질한 뿌리를 솔로 문질러 씻어 햇볕에 말린다.
❸ 유리병에 재료를 넣고 35도 이상의 소주를 부은 후 밀봉한다.
❹ 담금 3개월이 지나면 음용이 가능하지만, 오랫동안 숙성시켜 마시면 더욱 맛이 부드럽다.

:: **복용법** 취침 전 소주잔으로 한 잔 정도를 꾸준히 복용한다.
:: **주의점** 단풍마의 뿌리는 종종 엉켜 있을 수 있으니, 땅 속으로 자란 잔뿌리에 손이 다치지 않도록 주의해서 채취한다.

달맞이의 뿌리와 전초

언제나 자연은 말이 없습니다.
만족이 없는 생활 속에
괜시리 자연에 미안하고 감사한 마음으로
하루를 시작합니다.

겨울을 막 이겨낸 달맞이입니다
봄의 생명력을 가득 담아
우리에게 좋은 효능을 선물해주기를 기대해봅니다.
채취한 달맞이의 뿌리를 잘 씻어서 말린 후
뿌리에 어울리는 병에 담금합니다.

건조시킨 달맞이 뿌리

달맞이주

달맞이는 주로 감기와 인후염·당뇨병과 비만증 치료에 사용된다.

가을에 채집한 뿌리를 약재로 쓰는데, 점액과 전화당이 함유되어 있다. 병에 따라서는 잎을 쓰기도 하며, 민간에서는 종자를 기름내어 당뇨병에 복용하기도 한다. 뿌리에는 풍사를 몰아내고 습사를 없애는 효능이 있다. 또한 해열과 소염의 효능이 있으며, 감기·인후염·기관지염·피부염 치료에 좋다.

꽃	물기를 제거한 후 담금, 차로 이용(달맞이꽃차)
열매	말려서 다리거나 종자로 기름을 짜냄
뿌리	말려서 다리거나 말려서 담금
전초	이른 봄에 생재를 효소로 이용

재료 달맞이 뿌리 50g, 담금주용 소주(35도) 0.9L
채취 전초를 가을에서 이른 봄까지 채취한다.

❶ 전초를 채취하여 잎을 제거하고 뿌리를 손질한다.
❷ 뿌리 부분의 흙을 솔로 문질러 제거하고 흐르는 물에 씻어 햇볕에 말린다.
❸ 유리병에 재료를 넣고 35도 이상의 소주를 부은 후 밀봉한다.
❹ 담금 3개월이 지나면 음용이 가능하지만, 오랫동안 숙성시켜 마시면 더욱 맛이 부드럽다.

:: **복용법** 취침 전 소주잔으로 한 잔 정도를 꾸준히 복용한다.
:: **주의점** 임신 초기나 수유 중에는 복용하지 않도록 하며, 많은 양을 복용하면 복부 통증과 함께 묽은 변이 나오므로 쓰는 양에 주의가 필요하다.

당귀의 모습

너의 것은 맞지 않고 나의 것이 옳다고 생각하며
세상 탓 만하며 살아가는 우리.
자연의 이치를 모르며 살아가기에
감사함을 잊고 살아가는 하루하루입니다.

귀하게 만나는 당귀입니다.
당귀를 채취하여 술에 담금하여 봅니다.

당귀의 채취 모습

당귀주

당귀는 향이 좋아 봄철에 어린 잎을 나물로 싸서 먹을 수 있으며, 차로 달여서 먹기도 한다. 예부터 민간에서는 당귀의 가느다란 뿌리를 차로 달여 마시거나 술을 담가 먹었다.

※ 당귀는 보혈과 화혈 작용을 하며, 월경불순과 두통·어지럼증 개선에도 효과가 있다.

뿌리 말려서 다리거나 말려서 담금
전초 이른 봄 생재를 효소로 이용

재료 당귀의 뿌리 200g, 담금주용 소주(35도) 1.6L
채취 뿌리를 가을에서 이른 봄까지 채취한다.

❶ 당귀의 오래된 뿌리를 골라 채취한다.
❷ 채취한 뿌리를 흐르는 물에 씻어 햇볕에 말린다.
❸ 유리병에 재료를 넣고 35도 이상의 소주를 부은 후 밀봉한다.
❹ 담금 3개월이 지나면 음용이 가능하지만, 오랫동안 숙성시켜 마시면 더욱 맛이 부드럽다.

:: **복용법** 취침 전 소주잔으로 한 잔 정도를 꾸준히 복용한다.
:: **주의점** 설사를 하는 사람은 복용을 삼가하도록 하며, 오랫동안 사용하면 인후통이나 설사 증세가 나타날 수 있으므로 적당량을 복용하도록 한다.

늦가을의 독활 뿌리

하루라도 햇볕이 없으면 살 수 없고
물이 없으면 살 수 없고
공기나 바람이 없어도 살 수 없는
사람이란 나약한 존재임을 확인합니다.

독활을 땅두릅이라 하기도 하지요.
독활의 뿌리를 채취하여
손질한 후 잘 말려 술을 담금합니다.

독활의 오래된 뿌리를
채취하여 손질한다.

독활주 땅두릅

줄기가 곧게 자라고 바람에 잘 흔들리지 않는다고 하여 '독활(獨活)'이라고 부른다.

- 독활에 함유된 아줄렌 성분은 항알레르기와 소염 작용을 한다. 이 밖에 진통·진경·강심·강압·해열 작용을 하며 소화촉진에도 효과가 있다.

뿌리	알맞은 크기로 잘라서 말려 다리거나 말려서 담금
전초	이른 봄 생재를 효소로 이용

재료 독활의 뿌리 200g, 담금주용 소주(35도) 1.6L
채취 뿌리를 가을에서 겨울 사이에 채취한다.

1. 오래된 뿌리를 골라서 채취한다.
2. 뿌리를 흐르는 물에 잘 씻어 햇볕에 말린다.
3. 유리병에 재료를 넣고 35도 이상의 소주를 부은 후 밀봉한다.
4. 담금 3개월이 지나면 음용이 가능하지만, 오랫동안 숙성시켜 마시면 더욱 맛이 부드럽다.

:: **복용법** 취침 전 소주잔으로 한 잔 정도를 꾸준히 복용한다.
:: **주의점** 적당한 양을 복용하면 혈액순환을 돕는 좋은 효능을 기대할 수 있지만, 지나치면 위와 간을 해칠 수 있다.

겨울의 잎이 진 돼지감자 군락

득과 실을 따져가며 자신을 위해 살아가는 우리.
좋다 나쁘다가 없고 맞다 틀리다가 없는
순수 자연 속으로 오늘도 발길을 향해 봅니다.

울퉁불퉁 귀여운 돼지감자
바로 깎아서 생으로 먹어도 아삭한 맛이 좋습니다.
돼지감자를 씻어서 말린 후
담금을 완성합니다.

알이 큰 돼지감자의
뿌리를 채취한다.

돼지감자주 뚱딴지

돼지감자에는 '이눌린'이라는 성분이 함유되어 있어 제당이나 알코올 원료로 사용된다. 또 식물 섬유가 풍부하게 포함되어 있는데, 그 함유량이 우엉보다 높다. 때문에 체질개선과 변비·비만증·다이어트에 매우 큰 효과가 있다.

❋ 예부터 골절이나 타박상의 치료, 해열·지혈 등에 이용하였다. 몸체에 수분이 많아 갈증이 날 때에 물 대용으로 먹기도 하였다.

뿌리 얇게 썰어서 말려 다리거나 말려서 담금, 생재를 효소로 이용

재료 (작은 병 기준으로) **뿌리** 100g, 담금주용 소주 (35도) 0.9L
채취 뿌리를 가을에서 겨울 사이에 채취한다.

❶ 알이 좋은 뿌리를 골라 준비한다.
❷ 뿌리를 솔을 이용하여 문질러 손질한 후, 흐르는 물에 씻어 햇볕에 말려 사용한다.
❸ 유리병에 재료를 넣고 35도 이상의 소주를 부은 후 밀봉한다.
❹ 담금 3개월이 지나면 음용이 가능하지만, 오랫동안 숙성시켜 마시면 더욱 맛이 부드럽다.

:: **복용법** 취침 전 소주잔으로 한 잔 정도를 꾸준히 복용한다.
:: **주의점** 다량 복용하면 설사를 일으킬 수 있으므로 쓰는 양에 주의가 필요하다.

채취한 둥굴레의 뿌리

좁은 마음으로 세상을 살아가는 우리를 위하여
어여쁜 모습으로 우리에게 위안을 주는 자연입니다.
이들에게도
'내가 더 크다 내가 더 곱다' 하는 마음이 있을까요?

둥굴레의 모습입니다.
잔뿌리를 제거하여 씻어서 말려서 사용합니다.

뿌리를 채취하여
실뿌리를 제거한다.

둥굴레주 옥죽, 토황정

둥굴레는 허약체질 개선과 자양강장에 효과가 있다. 뿌리에 비타민A가 함유되어 있다. 둥굴레 뿌리를 살짝 볶아 차로 이용하면 허약체질에 좋으며, 마른 기침과 구강건조증·심장쇠약·협심증·빈뇨증에도 좋다. 둥굴레는 심장과 폐를 보하여 원기를 회복시키고, 근골을 튼튼하게 하여 정수를 보익하게 한다. 또한 시력과 청력을 좋게 한다고 알려져 있다.

뿌리 차(알맞은 크기로 잘라서 말린 후 볶아 사용)로 이용, 말려서 담금
전초 이른 봄 생재를 효소로 이용

재료 둥굴레 뿌리 100g, 담금주용 소주(35도) 1.6L
채취 뿌리를 가을에서 이른 봄까지 채취한다.

❶ 둥굴레의 가는 실뿌리를 제거하면서 손질한다.
❷ 흐르는 물에 솔로 문질러 씻어 햇볕에 말린다.
❸ 유리병에 재료를 넣고 35도 이상의 소주를 부은 후 밀봉한다.
❹ 담금 3개월이 지나면 음용이 가능하지만, 오랫동안 숙성시켜 마시면 더욱 맛이 부드럽다.

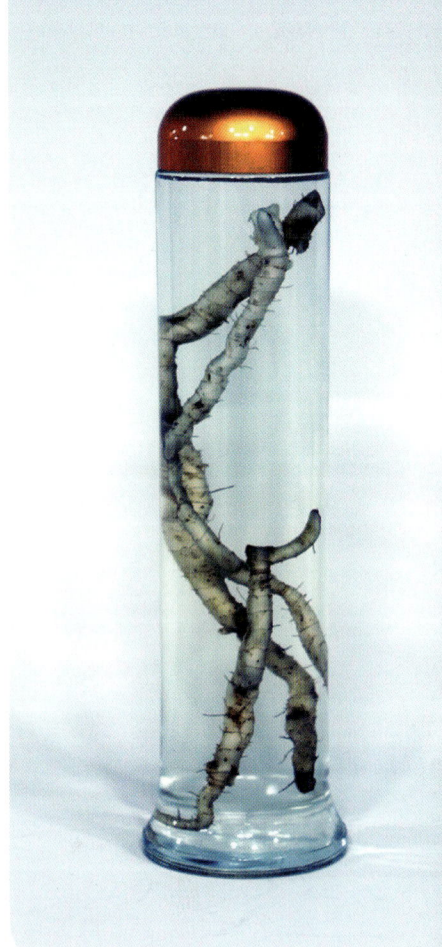

둥굴레차 건조 과정

:: **복용법** 취침 전 소주잔으로 한 잔 정도를 꾸준히 복용한다.
:: **주의점** 음이 성한데 비해 양과 비가 허하여 가슴이 답답한 사람은 복용을 삼가한다.

머위의 뿌리

보이지도 않고 만질 수도 없는 자존심 갖고
마음에 짐만 가지고 살아가는 우리
가진 것이 없어 언제나 여유로운
그 자연의 순리를 배우고자
오늘도 발길을 옮겨봅니다.

산에서 자라는 머위들입니다.
자연에서 나고 자란 머위들.
향도 좋고 좋은 효능도 기대할 수 있습니다.

머위의 오래된 뿌리를
채취한다.

머위주 봉두채

머위에는 일반적으로 해독 작용이 있으며, 편도선염과 타박상 치료에 효능이 있다.

❋ 뿌리줄기를 짓찧어서 즙을 내어 먹거나 달여서 먹으면 타박상 치료에 특히 효과적이다. 민간에서는 가래약으로 감기와 기침에 사용하였다. 또 꽃이삭과 뿌리를 건위제나 살충제로 쓴다.

뿌리 알맞게 잘라 말려서 다리거나 말려서 담금
전초 이른 봄 생재를 효소로 이용

재료 (큰병을 기준으로)머위의 뿌리 150g, 담금주용 소주 (35도) 1.6L

채취 뿌리를 가을에서 이른 봄까지 채취한다.

❶ 오래된 뿌리를 잘리지 않게 채취한다.
❷ 잎을 제거한 뿌리를 흐르는 물에 잘 씻어서 햇볕에 말린다.
❸ 유리병에 재료를 넣고 35도 이상의 소주를 부은 후 밀봉한다.
❹ 담금 3개월이 지나면 음용이 가능하지만, 오랫동안 숙성시켜 마시면 더욱 맛이 부드럽다.

:: **복용법** 취침 전 소주잔으로 한 잔 정도를 꾸준히 복용한다.
:: **주의점** 적당한 양을 복용하면 혈액순환을 돕는 좋은 효능을 기대할 수 있지만, 지나치면 위와 간을 해칠 수 있다.

해안가의 방풍

세상에 존재하지도 않는 마음 세계에 갇혀
시비를 분별하며 보내는 시간이 아쉽습니다.
그냥 보는 그대로 있는 그대로에 만족하며
감사하는 마음으로 살아갈 수 있다면 좋으련만
그렇지 못함이 안타깝습니다.
좁은 마음 비우고 싶어 오늘도 자연에 의지합니다.

해안가에서 자라는 방풍입니다.
방풍을 채취하여 술에 담금해 봅니다.

오래된 뿌리를 채취한다.

방풍주 갯기름나물

방풍은 해변의 모래밭이나 바위 틈에 자라기 때문에 뿌리가 튼튼하고 굵다. 주로 풍증을 제거하는데 사용된다. 유사한 약초로 갯방풍으로 불리는 '해방풍'도 같은 효능이 있다.

중풍을 치료하고, 가래와 기침·신경통 완화에 효험이 있다. 또 사지의 근육경련과 중풍으로 인한 반신불수, 마비동통 등에도 치료 효과가 있다.

뿌리 말려서 다리거나 말려서 담금
전초 이른 봄 생재를 효소로 이용

재료 방풍의 뿌리 300g, 담금주용 소주(35도) 3.3L
채취 뿌리를 가을에서 이른 봄까지 채취한다.

❶ 방풍의 오래된 뿌리를 채취한다.
❷ 흐르는 물에 뿌리를 솔로 씻어서 흙을 잘 제거하고 햇볕에 말린다.
❸ 유리병에 재료를 넣고 35도 이상의 소주를 부은 후 밀봉한다.
❹ 담금 3개월이 지나면 음용이 가능하지만, 오랫동안 숙성시켜 마시면 더욱 맛이 부드럽다.

:: **복용법** 취침 전 소주잔으로 한 잔 정도를 꾸준히 복용한다.
:: **주의점** 혈이 허하거나 음이 부족하여 열이 나는 사람은 복용을 삼가한다.

백선의 뿌리

부족함이 많기에 채우려고만 하는 우리.
자연은 있는 그대로의 모습 속에서
말없이 우리의 스승이 되어줍니다.

백선피의 싹대가 저의 나이만큼 되는 듯합니다.
얼마나 많은 세월을 견디며 살아왔을까요.
백선피의 뿌리를 잘 씻어서 말려
술에 담금합니다.

오래된 뿌리를 잘리지 않게
주의해서 채취한다.

백선주 봉삼, 봉황삼

백선은 뿌리의 모습이 봉황을 닮았다고 하여 '봉황삼' 또는 '봉삼' 이라고도 부른다.

뿌리를 채취하여 흙을 씻어 버리고 수염뿌리와 거친 껍질을 제거하여 쓴다. 신선할 때 세로로 잘라 중심부를 제거하고 햇볕에 말린다.

❈ 뿌리에 알칼로이드 성분이 함유되어 있어 알레르기성 비염과 기침·천식 등에 치료 효능이 있다. 예부터 중풍과 사지불안에 쓰이는 중요한 약으로 알려져 있으며, 두통과 류머티즘 치료제로도 사용된다.

뿌리 심을 제거하고 말려 다리거나 말려서 담금

재료 백선의 뿌리 400g, 담금주용 소주(35도) 3.3L
채취 잎이 지는 가을에서 이른 봄까지의 뿌리를 채취한다.

❶ 백선의 오래된 뿌리를 잘리지 않게 주의해서 채취한다.
❷ 잎과 줄기를 제거하고 뿌리를 흐르는 물에 잘 씻어서 햇볕에 말린다.
   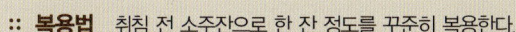 백선은 특히 뿌리가 손상되기 쉬우므로 세척 시에 특별한 주의가 필요하다.
❸ 유리병에 재료를 넣고 35도 이상의 소주를 부은 후 밀봉한다.
❹ 담금 3개월이 지나면 음용이 가능하지만, 오랫동안 숙성시켜 마시면 더욱 맛이 부드럽다.

:: **복용법** 취침 전 소주잔으로 한 잔 정도를 꾸준히 복용한다.
:: **주의점** 허한증인 환자는 복용을 금한다.

백작약의 열매

득과 실을 따져가며 살아가는 하루가 아닌
그저 있는 그대로인 세상 속으로
오늘도 발길을 옮겨 봅니다.

멀리서 보면 산삼의 열매(딸)을 닮은 백작약 열매.
백작약의 뿌리를 채취하여
술에 담금해 봅니다.

백작약은 보호 식물이므로
함부로 채취하는 것을 금한다.

백작약주 산작약, 메함박꽃

간 기능을 개선하고, 월경불순을 치료하는 약초이다. 전초에 플라보노이드와 알칼로이드 성분이 있으며, 뿌리에는 페오니플로린과 알비폴로린 성분이 함유되어 있다.
❋ 예부터 민간에서는 뿌리를 달여 식욕부진이나 위와 간의 질병, 기침과 천식 등의 치료에 사용하였다.

뿌리 알맞은 크기로 잘라서 말려 다리거나 담금

재료 백작약의 뿌리 700g, 담금주용 소주(35도) 7L
채취 뿌리를 가을에서 이른 봄까지 채취한다.

❶ 오래된 뿌리를 잘리지 않게 주의하여 채취한다.
> **TIP** 뿌리 전체를 그대로 담금하는 것이 기본이나 작게 잘라서 담금해도 무방하다.

❷ 흐르는 물에 뿌리를 솔로 씻어서 흙을 잘 제거하고 햇볕에 말린다.

❸ 유리병에 재료를 넣고 35도 이상의 소주를 부은 후 밀봉한다.

❹ 담금 3개월이 지나면 음용이 가능하지만, 오랫동안 숙성시켜 마시면 더욱 맛이 부드럽다.

:: **복용법** 취침 전 소주잔으로 한 잔 정도를 꾸준히 복용한다.
:: **주의점** 속이 차고 냉하여 설사를 하는 사람은 복용을 삼가한다.

죽은 소나무 주위의 복령

누군가에게 있는 듯 없는 듯 그렇게 살아가다가
어느 순간, 누군가의 선물이 되고 위안이 될 수 있는
내가 되기를...
오늘도 자연 앞에 작은 다짐을 해 봅니다.

복령을 채취하려면 소나무가 죽어서
조각이 나있는 주위를 살피는 것이 좋습니다.
채취하여 술로 담금합니다.

겨울에 채취하는 것이
효능이 더 좋다.

복령주

복령은 소나무의 적송(赤松)이나 마미송(馬尾松)의 뿌리에 기생하는 균사체이다. 모양과 크기가 불규칙하다.
속이 흰 것은 '백복령'이라 하고 붉은 것은 '적복령'이라 하는데, 백복령은 적송의 뿌리에 적복령은 곰솔의 뿌리에 기생한다. 항암과 면역증강 작용이 있다.
맛은 달면서도 싱겁다. 소변이 잘 나오지 않는 증상이나 설사·식욕부진·유정 등을 치료하는 효험이 있다.

뿌리 혹 겉껍질을 제거한 후 말려서 가루내어 복용하거나 말려서 담금

재료 복령의 뿌리혹 300g, 담금주용 소주(35도) 2.3L
채취 사철 채취가 가능하지만 겨울에 채취하는 것이 더 좋다.

❶ 복령의 뿌리혹을 채취한다.
❷ 흐르는 물에 뿌리를 솔로 씻어서 흙을 잘 제거하고 햇볕에 말린다.
　TIP 죽은 소나무 주위를 꼬챙이로 찔러 균핵이 묻어나면 복령이 있는 것이다.
❸ 유리병에 재료를 넣고 35도 이상의 소주를 부은 후 밀봉한다.
❹ 담금 3개월이 지나면 음용이 가능하지만, 오랫동안 숙성시켜 마시면 더욱 맛이 부드럽다.

:: **복용법** 취침 전 소주잔으로 한 잔 정도를 꾸준히 복용한다.
:: **주의점** 몸이 차고 허약하며 유정이 있는 사람은 복용하지 않는 것이 좋다. 또한 지유·웅황·진범과 같이 배합하지 않으며, 식초와 함께 쓰지 않는다.

뿌리가 잘리지 않게
주의해서 채취한다.

겨울의 산더덕

산행을 하다보면 시간의 흐름을 새삼 느끼게 됩니다.
겨울에는 앙상하게 알몸을 드러내던 산이
봄이 오면 하루하루 다르게 변해감에...
들풀이나 약초들의 변해가는 모습 속에서도
시간의 흐름을 느끼게 됩니다.
세상에 변하지 않는 것은 없다는 진리를
자연에서도 느낍니다.

손이 시리고 발이 시린 한겨울에는
더덕도 추울 듯합니다.
채취하여 술에 담금하여 봅니다.

산더덕주 사삼

산더덕은 오랜 기침의 치료에 쓰인다. 또한 폐와 비장, 신장을 보하는 효능이 있다. 재배하는 더덕보다 야생의 것이 효능이 더 좋다.

뿌리를 '사삼'이라고 하는데, 봄 또는 가을에 뿌리를 캐어 물에 씻고 햇볕에 말려 사용한다. 뿌리에 사포닌과 이눌린 성분이 있어, 부기를 제거하고 해독하며 젖의 분비를 촉진하는 효능이 있다.

뿌리 채(채 썰어 꿀에 절임)로 이용, 말려서 다리거나 담금
전초 이른 봄 생재를 효소로 이용

재료 산더덕의 뿌리 100g, 담금주용 소주(35도) 0.9L
채취 뿌리를 가을에서 이른 봄까지 채취한다.

❶ 뿌리가 잘라지지 않게 주의해서 채취한다.
❷ 채취한 뿌리를 흐르는 물에 솔로 씻어서 흙을 제거하고 햇볕에 말린다.
❸ 유리병에 재료를 넣고 35도 이상의 소주를 부은 후 밀봉한다.
❹ 담금 3개월이 지나면 음용이 가능하지만, 오랫동안 숙성시켜 마시면 더욱 맛이 부드럽다.

:: **복용법** 취침 전 소주잔으로 한 잔 정도를 꾸준히 복용한다.
:: **주의점** 줄기에 상처가 나면 하얀 유즙이 나오는데, 이 액이 술을 탁하게 할 수 있으니 손질 시에 주의해야 한다.

겨울의 산도라지

춥다고 움츠려지는 겨울날에
설레는 발걸음을 반겨주는 겨울 산도라지.
바위틈에서 자랐답니다.
한 뿌리 한 뿌리가 다 소중해보입니다.
조심스럽게 채취하여
술에 담금해 봅니다.

뿌리가 다치지 않게
주의해서 채취한다.

산도라지주 길경

산도라지는 일반적으로 기관지에 작용하여 가래와 기침·기관지염을 다스리는 효능이 있다.
❀ 뿌리에 사포닌 성분이 함유되어 있어 가래를 삭이는데 높은 효과를 보이며, 진정·진통·해열·소염 작용을 돕는다.

뿌리 채(채 썰어 꿀에 절임)로 이용, 말려서 다리거나 담금
전초 이른 봄 생재를 효소로 이용

재료 산도라지의 뿌리 200g, 담금주용 소주(35도) 1.6L
채취 뿌리를 가을에서 이른 봄까지 채취한다.

❶ 뿌리가 잘라지지 않게 주의해서 채취한다.
❷ 채취한 뿌리를 흐르는 물에 살짝 씻어 햇볕에 말린다.
❸ 유리병에 재료를 넣고 35도 이상의 소주를 부은 후 밀봉한다.
❹ 담금 3개월이 지나면 음용이 가능하지만, 오랫동안 숙성시켜 마시면 더욱 맛이 부드럽다.

:: **복용법** 취침 전 소주잔으로 한 잔 정도를 꾸준히 복용한다.
:: **주의점** 도라지의 사포닌 성분은 용혈 작용이 있으므로 사용에 주의해야 한다.

봄의 산마 줄기

'바쁘다, 불경기다, 힘들다.' 하는
세상과는 관계없는 자연 속으로 들어가 봅니다.

겨울의 언 땅을 녹여 산마를 채취하여
술에 담금해 봅니다.

산마의 뿌리는
가을에서 이른 봄 사이에
채취하는 것이 좋다.

산마주 산약

마의 뿌리줄기로 야생에서 자라는 마를 '산마' 또는 '산약' 이라고 한다. 일반적으로 오랜 기침 치료에 쓰이며, 폐와 비장, 신장을 튼튼히 하는 효능이 있다.

❁ 뿌리줄기에 사포닌과 점액, 전분 등의 성분이 함유되어 있다. 비장과 폐를 튼튼하게 하고 신장을 보한다. 때문에 비장이 허약하여 생기는 설사와 잦은 소변을 치료한다. 이질·해수·당뇨병·유정·대하증에도 치료 효능을 보인다.

뿌리 생재를 주스로 복용하거나 효소로 이용, 말려 가루내어 복용하거나 말려서 담금

재료 산마의 뿌리 200g, 담금주용 소주(35도) 1.6L
채취 뿌리를 가을에서 이른 봄까지 채취한다.

❶ 뿌리가 잘라지지 않게 주의해서 채취한다.
   > TIP 산마의 뿌리는 특히 잘 부러지므로 주의해서 채취하도록 한다.
❷ 채취한 뿌리를 잔뿌리를 제거하고 흐르는 물에 솔로 씻어서 흙을 제거하고 햇볕에 말린다.
❸ 유리병에 재료를 넣고 35도 이상의 소주를 부은 후 밀봉한다.
❹ 담금 3개월이 지나면 음용이 가능하지만, 오랫동안 숙성시켜 마시면 더욱 맛이 부드럽다.

:: **복용법** 취침 전 소주잔으로 한 잔 정도를 꾸준히 복용한다.
:: **주의점** 껍질을 벗겨 손질할 때 맨손으로 작업하면 종종 피부가 가려울 수 있으니 주의한다.

잘 우러난 산해박주

내 마음에 정해 놓은 기준에 맞추어
잘났다 못났다, 크다 작다는 시비분별이 많아
살아가는 것에 감사하지 못한 날들이 많습니다.
마음을 버려
있는 대로 보는 대로 감사할 수 있기를 바라봅니다.

풀 속에 섞여서 눈에 잘 띄지 않는 산해박입니다.
뿌리를 씻어서 말려 술에 담금해 봅니다.

산해박의 오래된 뿌리를
채취하여 손질한다.

산해박주 서장경

산해박은 신경쇠약을 완화시키며, 진정과 진통·강압 작용을 한다.

가을에 뿌리를 캐서 물에 씻어 햇볕에 말려 쓴다. 항염 작용이 있어 술에 담가 입에 물고 있으면 치통을 치료할 수 있다고 한다. 또한 풍습과 통증을 제거하고, 혈을 잘 돌게 하며, 소변을 잘 누게 한다.

뿌리 말려서 다리거나 말려서 담금

재료 (작은 병 기준)산해박의 뿌리 30g, 담금주용 소주(35도) 0.9L

채취 잎이 지는 가을에서 이른 봄까지 뿌리를 채취한다.

❶ 오래된 뿌리를 잘리지 않게 채취한다.
❷ 잎이 함께 채취되었을 경우에는 잎을 제거하고 뿌리를 흐르는 물에 씻어 햇볕에 말린다.
❸ 유리병에 재료를 넣고 35도 이상의 소주를 부은 후 밀봉한다.
❹ 담금 3개월이 지나면 음용이 가능하지만, 오랫동안 숙성시켜 마시면 맛이 부드럽다.

:: **복용법** 취침 전 소주잔으로 한 잔 정도를 꾸준히 복용한다.
:: **주의점** 신체가 허약한 사람은 주의해서 복용해야 한다.

겨울날의 삽주

이득이 되는 일에만 매달리고
무엇이든 움켜쥐고 놓지 못하는
몸과 마음을 놓고 싶습니다.

씨방을 단 겨울날의 삽주를
채취하여 보니 대물 삽주입니다.
잔뿌리를 제거한 후 말리기를 하여
술에 담금합니다.

햇볕에 건조시킨
삽주의 오래된 뿌리

삽주주 창출, 백출

예부터 삽주는 건비하여 오래 살게 하고, 무병장수를 돕는 약초로 알려져 있다.

㊉ 뿌리줄기에 방향성 정유가 함유되어 있으며, 주성분은 아트락틸론인데 후각을 자극하여 위액의 분비를 촉진시킨다. 때문에 식욕부진과 소화불량·위장염 치료에 효능이 있다. 더불어 신장기능장애로 인한 빈뇨증·팔다리의 통증·감기 등의 질병에도 치료 효능이 있다.

뿌리	잔털을 제거한 후 알맞은 크기로 잘라서 말려 다리거나 말려서 담금
전초	이른 봄 생재를 효소로 이용

재료 삽주의 뿌리 200g, 담금주용 소주(35도) 1.6L
채취 뿌리를 가을에서 이른 봄까지 채취한다.

❶ 삽주의 오래된 뿌리를 골라서 채취한다.
❷ 실뿌리는 가위로 잘라서 제거하고 뿌리의 흙은 솔로 문질러 흐르는 물로 씻어낸다. 후에 햇볕에 말린다.
❸ 유리병에 재료를 넣고 35도 이상의 소주를 부은 후 밀봉한다.
❹ 담금 3개월이 지나면 음용이 가능하지만, 오랫동안 숙성시켜 마시면 더욱 맛이 부드럽다.

:: **복용법** 취침 전 소주잔으로 한 잔 정도를 꾸준히 복용한다.
:: **주의점** 음허내열(陰虛內熱), 기허(氣虛)로 땀이 많은 사람은 복용하면 안 된다.

세신의 푸른 잎

산은 산대로 나무는 나무대로
모두가 제자리에서 말없음으로
제 할일을 하는 자연의 뜻을 새겨봅니다.

산행에서 자주 만날 수 있는 세신입니다.
세신 뿌리를 채취한 후 잘 손질하여 말려서
예쁜 병에 술과 합방을 해봅니다.

뿌리를 잘리지 않게
주의해서 채취한다.

세신주 족두리풀

뿌리가 가늘면서 매운 맛이 있기 때문에 '세신(細辛)'이라고 한다. 뿌리를 채취하여 냄새를 맡아보면 시원하고 상쾌한 향이 나는데, 때문에 주로 은단을 만드는데 사용되었다.

세신은 예부터 오장을 편안하게 하고 눈을 맑게 한다고 알려져 있다. 두통·신경통·근육통·요통·치통에 치료 효과가 있으며, 류머티즘 관절염과 감기·만성 기관지염 치료에도 효과가 있다.

뿌리 말려서 다리거나 말려서 담금
(독성이 있으므로 소량을 사용)

재료 세신의 뿌리 30g, 담금주용 소주(35도) 0.9L
채취 잎이 지는 가을에서 이른 봄까지 뿌리를 채취한다.

❶ 세신의 오래된 뿌리를 잘리지 않게 채취한다.
❷ 잎이 함께 채취되었을 경우에는 잎을 제거하고 뿌리를 흐르는 물에 잘 씻어서 햇볕에 말린다.
❸ 유리병에 재료를 넣고 35도 이상의 소주를 부은 후 밀봉한다.
❹ 담금 3개월이 지나면 음용이 가능하지만, 오랫동안 숙성시켜 마시면 더욱 맛이 부드럽다.

:: **복용법** 취침 전 소주잔으로 한 잔 정도를 꾸준히 복용한다.
:: **주의점** 세신은 맛이 맵고 성질이 뜨거우며 약간의 독이 있다. 때문에 기가 허하여 땀이 나는 경우와 혈허로 머리가 아픈 경우, 음허로 인한 기침에는 쓰지 않는다. 또 세신은 여로·황기·낭독·산수유와 배합하지 않는 것이 좋다.

소리쟁이의 전초

비가 오면 비가 온다고
흐리면 흐리다고
자연에게 시비를 걸었습니다.
자연의 순리를 아직 다 모르는 까닭입니다.

겨울을 나고 봄에 싹을 올린 소리쟁이입니다.
소리쟁이 전초를 채취하였습니다.
뿌리를 채취하여 다듬고 잘 말려 담금주을 준비합니다.

오래된 뿌리를 잘리지 않게
주의해서 채취한다.

소리쟁이주 소루장이, 양제

소리쟁이는 일반적으로 항암 작용이 있으며, 피부병과 변비·화상·출혈·백혈병 치료에 쓰인다.
뿌리에 크리소파놀산·에모딘·탄닌·수산 등의 성분이 함유되어 있으며, 약간의 독성이 있다.
열을 내리고 통변·지혈·기생충을 구제하는 효능이 있다. 때문에 변비·토혈·자궁 출혈·개선·타박상을 치료하는데 쓰인다.

뿌리 말려서 다리거나 말려서 담금, 분말로 이용
전초 이른 봄 생재를 효소로 이용

재료 소리쟁이의 뿌리 200g, 담금주용 소주(35도) 1.6L
채취 잎이 지는 가을에서 이른 봄까지 뿌리를 채취한다.

❶ 소리쟁이의 오래된 뿌리를 잘리지 않게 채취한다.
❷ 잎이 함께 채취되었을 경우에는 잎을 제거하고 뿌리를 흐르는 물에 잘 씻어서 햇볕에 말린다.
❸ 유리병에 재료를 넣고 35도 이상의 소주를 부은 후 밀봉한다.
❹ 담금 3개월이 지나면 음용이 가능하지만, 오랫동안 숙성시켜 마시면 더욱 맛이 부드럽다.

:: **복용법** 취침 전 소주잔으로 한 잔 정도를 꾸준히 복용한다.
:: **주의점** 비가 허하여 설사하는 사람은 복용을 금한다. 또한 초산을 함유하고 있어 대량으로 복용하면 중독의 위험이 있다.

수영의 전초

나만의 것이 아닌 세상의 것이기에
욕심을 버리고
그저 눈에 보이는 그대로
감사하는 마음만 가지고 길을 나섭니다.

소루쟁이와 생김새가 비슷한 수영입니다.
채취한 수영의 뿌리를 씻어서 말려
술에 담금합니다.

오래된 뿌리를 잘리지 않게
주의해서 채취한다.

수영주 산모

소리쟁이와 생김새가 비슷하지만, 입에 넣었을 때 신맛이 나는 것으로 구별한다.

* 뿌리에는 탄닌 성분이 있다. 해독과 이뇨 작용이 있으며, 기생충을 구제하는 효능이 있다. 임질·설사·소변불통·토혈·악창·옴·개선을 치료한다. 위염과 장 무력증 치료에도 효험이 있다. 뿌리를 짓찧어 옴을 비롯한 피부병에 바른다. 특히 술을 담가 복용하면 류머티즘 관절염에 효과가 있는 것으로 알려져 있다.

뿌리	말려서 다리거나 말려서 담금
전초	이른 봄 생재를 효소로 이용

재료 수영의 뿌리 30g, 담금주용 소주(35도) 0.9L
채취 잎이 지는 가을에서 이른 봄까지 뿌리를 채취한다.

❶ 수영의 오래된 뿌리를 잘리지 않게 채취한다.
❷ 잎이 함께 채취되었을 경우에는 잎을 제거하고 뿌리를 흐르는 물에 잘 씻어서 햇볕에 말린다.
❸ 유리병에 재료를 넣고 35도 이상의 소주를 부은 후 밀봉한다.
❹ 담금 3개월이 지나면 음용이 가능하지만, 오랫동안 숙성시켜 마시면 더욱 맛이 부드럽다.

:: **복용법** 취침 전 소주잔으로 한 잔 정도를 꾸준히 복용한다.
:: **주의점** 적당한 양을 복용하면 혈액순환을 돕는 좋은 효능을 기대할 수 있지만, 지나치면 위와 간을 해칠 수 있다.

오래된 뿌리를
골라서 채취한다.

늦은 가을의 시호

아내이기에, 남편이기에
자식이기에, 친구이기에
이러저러한 고정관념들을 버리고
하나의 주체로서 누군가를 마주할 수 있다면
좀 더 여유 있고 너그러운 우리가 되지 않을까요?

늦은 가을, 시호의 잎이 지려 합니다.
시호의 약성이 뿌리로 내려올 때이니
좋은 효능을 기대할 수 있겠지요?

시호주

시호주를 담글 때에는 시호와 등대시호의 뿌리를 모두 이용한다.

❋ 쓰고 매운 맛을 가지고 있으며, 사포닌과 정유가 함유되어 있어 진정·진통·진해 작용을 한다. 해열효과도 있다. 또 항염증 작용을 하여 감기나 기관지염·폐렴 치료에 좋은 효과를 보이며, 지방의 축적을 방지하여 간경화를 예방하고 고지혈증을 치료한다.

뿌리 말려서 다리거나 말려서 담금

재료 시호의 뿌리 50g, 담금주용 소주(35도) 1.6L
채취 잎이 지는 가을에서 이른 봄까지 뿌리를 채취한다.

❶ 시호의 오래된 뿌리를 골라 채취한다.
❷ 잎이 함께 채취되었을 경우에는 잎을 제거하고 뿌리를 흐르는 물에 잘 씻어서 햇볕에 말린다.
❸ 유리병에 재료를 넣고 35도 이상의 소주를 부은 후 밀봉한다.
❹ 담금 3개월이 지나면 음용이 가능하지만, 오랫동안 숙성시켜 마시면 더욱 맛이 부드럽다.

:: **복용법** 취침 전 소주잔으로 한 잔 정도를 꾸준히 복용한다.
:: **주의점** 기가 허한 사람이나 어지럼증 또는 두통이 있는 사람은 복용을 삼가하는 것이 좋다.

이른 봄 연삼의 모습

좀 더 편하고자 하고, 가지려 하고,
누리려 하는 사람이 아닌
힘든 일일지라도 나누려는 마음과
겸손함으로 무장한 사람이 되고자 합니다.

이른 봄 연삼의 모습입니다.
연삼의 뿌리를 씻어서 말린 후,
술에 담금해 봅니다.

건조시킨 연삼의
오래된 뿌리

연삼주 바디나물

연삼은 잎과 줄기의 생김새가 당귀와 유사하다. 원기를 회복시키며, 식욕을 촉진시킨다.

❀ 늦가을에서 이른 봄에는 뿌리를 채취하여 쓰고, 봄부터 여름에는 뿌리와 줄기, 잎을 함께 이용한다.
연삼은 위와 간, 폐를 보하기 때문에 고혈압과 동맥경화·관절염·생리불순과 생리통·냉증·불임증·빈혈 등에 치료 효과가 있다. 특히 당뇨병 치료에 좋은 효능을 보인다.

뿌리 말려서 다리거나 말려서 담금
전초 이른 봄 생재를 효소로 이용

재료 연삼의 뿌리 30g, 담금주용 소주(35도) 0.9L
채취 잎이 지는 가을에서 이른 봄까지 뿌리를 채취한다.

❶ 연삼의 오래된 뿌리를 잘리지 않게 주의해서 채취한다.
❷ 채취한 뿌리를 흐르는 물에 잘 씻어서 햇볕에 말린다.
❸ 유리병에 재료를 넣고 35도 이상의 소주를 부은 후 밀봉한다.
❹ 담금 3개월이 지나면 음용이 가능하지만, 오랫동안 숙성시켜 마시면 더욱 맛이 부드럽다.

:: **복용법** 취침 전 소주잔으로 한 잔 정도를 꾸준히 복용한다.
:: **주의점** 천식 증상이 있거나 내열 때문에 가슴이 답답한 사람은 복용을 삼가한다.

오이풀 뿌리

오이냄새가 난다하여 이름 붙여진 오이풀.
오이풀을 발견하고서 문득,
여름 태풍이 자연에 작용하는 일들에 대해
생각하여 봅니다.
대지를 흔드는 비바람이 이 땅의 생명을 번식시켜
사람에게 이로움을 주리라 기대해 봅니다.

채취하여 건조시킨
오이풀의 뿌리

오이풀주 지유

오이풀은 화상을 비롯한 여러 가지 출혈, 부인질환과 피부병 등의 치료에 쓰인다. 잎을 뜯어서 코에 대보면 진짜 오이보다 더 진한 냄새가 난다고 하여 '오이풀' 이라고 부른다.

❀ 가을에서 이른 봄까지 뿌리를 채취하여 잔뿌리를 다듬어 내고 물에 씻어 햇볕에 말린다. 뿌리에 탄닌과 사포닌 성분이 함유되어 있다. 설사·이질·위장출혈·위산과다·월경과다·대하·화상 치료 등에 쓰인다.

뿌리 말려서 다리거나 말려서 담금
전초 이른 봄 생재를 효소로 이용

재료 오이풀의 뿌리 30g, 담금주용 소주(35도) 0.9L
채취 가을에서 이른 봄까지 뿌리를 채취한다.

❶ 오이풀의 뿌리를 끊기지 않게 주의해서 채취한다.
❷ 손질한 뿌리를 흐르는 물에 살짝 씻어 햇볕에 말린다.
❸ 유리병에 재료를 넣고 35도 이상의 소주를 부은 후 밀봉한다.
❹ 담금 3개월이 지나면 음용이 가능하지만, 오랫동안 숙성시켜 마시면 더욱 맛이 부드럽다.

:: **복용법** 취침 전 소주잔으로 한 잔 정도를 꾸준히 복용한다.
:: **주의점** 허한(虛寒)한 환자는 복용하지 않도록 한다.

용담의 뿌리

득과 실을 따져가며 살아가는 삶이 아니라
자신에게 주어진 환경에 충실한 생명들이 있는 곳으로
오늘도 발길을 옮겨 봅니다.

용담의 뿌리입니다.
잘 씻어서 말려 담금합니다.

뿌리가 끊기지 않게
주의해서 채취한다.

용담주

곰의 쓸개인 '웅담' 보다 훨씬 더 쓴맛이 있다고 하여 '용담' 이라고 부른다. 가을에 뿌리를 캐어 물에 씻어 햇볕에 말려 쓴다.

❈ 용담에는 알칼로이드 성분이 함유되어 있다. 때문에 인후통과 황달·습열설사·이질·습진·식욕부진·소화장애 등에 사용하며, 예부터 민간에서는 위장병과 소화불량·위산과다를 치료하는데 주로 쓰였다. 소염과 해독 작용도 있다.

뿌리 말려서 다리거나 말려서 담금
전초 이른 봄 생재를 효소로 이용

재료 용담의 뿌리 30g, 담금주용 소주(35도) 0.9L
채취 뿌리를 가을에서 이른 봄까지 채취한다.

❶ 용담의 뿌리를 끊기지 않게 주의해서 채취한다.
❷ 채취한 뿌리를 흐르는 물에 살짝 씻어 햇볕에 말린다.
❸ 유리병에 재료를 넣고 35도 이상의 소주를 부은 후 밀봉한다.
❹ 담금 3개월이 지나면 음용이 가능하지만, 오랫동안 숙성시켜 마시면 더욱 맛이 부드럽다.

:: **복용법** 취침 전 소주잔으로 한 잔 정도를 꾸준히 복용한다.
:: **주의점** 비(脾)가 차가운 사람은 복용을 삼가한다. 또 빈 속에 복용하면 소변이 많이 나오므로 주의한다.

우슬의 뿌리

사람이 나이가 찰수록 점점 더 큰마음을 품듯이
많은 세월을 살아온 약초가 지금 막 자라는 약초보다
더 큰 효능을 품고 있는 것은 자연의 이치가 아닐까요?
우슬 한 뿌리가 한 아름입니다.

많은 시간 정성과 시간을 투자하여 얻은
우슬의 뿌리.
채취한 뿌리를 잘 씻어 말려서 담금을 준비해 봅니다.

뿌리가 끊기지 않게
주의해서 채취한다.

우슬주 쇠무릎지기

우슬은 줄기의 마디가 두드러져서 마치 소의 무릎처럼 보인다고 하여 '쇠무릎지기'라고도 부른다.

❋ 뿌리의 맛은 달면서 쓰며 독은 없다. 사포닌과 칼륨염이 함유되어 있어 생것을 쓰면 어혈과 부스럼을 없애는 효능이 있으며, 말린 것을 사용하면 간과 신을 보하고 근골을 튼튼하게 한다. 우슬은 특히 관절염 치료에 큰 효능이 있는 것으로 알려져 있다.

뿌리 말려서 다리거나 말려서 담금
전초 이른 봄 생재를 효소로 이용

재료 우슬의 뿌리 400g, 담금주용 소주(35도) 4.2L
채취 뿌리를 가을에서 이른 봄까지 채취한다.

❶ 우슬의 오래된 뿌리를 끊기지 않게 주의해서 채취한다.
❷ 채취한 뿌리를 흐르는 물에 살짝 씻어 햇볕에 말린다.
❸ 유리병에 재료를 넣고 35도 이상의 소주를 부은 후 밀봉한다.
❹ 담금 3개월이 지나면 음용이 가능하지만, 오랫동안 숙성시켜 마시면 더욱 맛이 부드럽다.

:: **복용법** 취침 전 소주잔으로 한 잔 정도를 꾸준히 복용한다.
:: **주의점** 임산부나 생리의 양이 많은 사람은 복용을 삼가한다.

위령선의 전초

비운다는 것.
몸도 마음도 늘 비우는 마음으로 살고 싶습니다.

위령선을 만났습니다.
위령선의 전초입니다.
뿌리를 씻어서 말리고 담금합니다.

뿌리가 끊기지 않게
주의해서 채취한다.

위령선주 으아리

위령선은 봄과 가을에 뿌리를 캐어 물에 씻고 햇볕에 말려 쓴다. 주로 물로 달이거나 술에 담가 이용하며, 가루를 내어 환을 지어 먹기도 한다.

❋ 뿌리에 당류와 사포닌 성분이 함유되어 있다. 일반적으로 신경통과 관절염 치료에 쓰이며, 근육마비와 손발마비 등의 사지마비를 풀어주는 효능도 있다. 통풍의 통증 치료제로도 쓰인다.

뿌리 말려서 다리거나 말려서 담금

재료 위령선의 뿌리 70g, 담금주용 소주(35도) 2.3L
채취 뿌리를 가을에서 이른 봄까지 채취한다.

❶ 위령선의 뿌리를 끊기지 않게 주의해서 채취한다.
❷ 채취한 뿌리를 흐르는 물에 살짝 씻어 햇볕에 말린다.
❸ 유리병에 재료를 넣고 35도 이상의 소주를 부은 후 밀봉한다.
❹ 담금 3개월이 지나면 음용이 가능하지만, 오랫동안 숙성시켜 마시면 더욱 맛이 부드럽다.

:: **복용법** 취침 전 소주잔으로 한 잔 정도를 꾸준히 복용한다.
:: **주의점** 몸이 허약한 사람은 복용을 삼가하며, 정기(精氣)가 손상될 수 있으므로 너무 오랜 기간 복용하지 않도록 한다.

잘 우러난 잔대주

내게 주어진 것들은 모두 '내 것'이라는 생각에
집착의 마음을 품게 됩니다.
집착의 마음을 품으니 욕심이 생기고,
미움이 생기고, 실망이 생깁니다.
마음을 비워 내 것이 아닌 세상의 것으로
바라보고자 합니다.

식물 중에서 제일 오래 산다는 잔대입니다.
좋은 효능을 기대하며 정성껏 담금합니다.

오래된 뿌리를
잘리지 않게 채취한다.

잔대주 사삼

뿌리가 인삼과 비슷하다고 해서 '사삼'이라고도 한다. 예부터 백 가지 독을 푸는 '해독의 약'이라 불린다.

❀ 뿌리에 사포닌과 이눌린이 함유되어 있다. 민간에서는 뿌리를 술에 담가 류머티즘 관절염 환자에게 복용시켰으며, 해독제와 거담제로도 사용하였다. 이 밖에 기침·가래·해수·천식 치료와 고혈압 완화에도 효능이 있다.

뿌리 말려서 다리거나 말려서 담금
전초 이른 봄 생재를 효소로 이용

재료 잔대의 뿌리 50g, 담금주용 소주(35도) 1.6L
채취 가을에서 이른 봄까지 뿌리를 채취한다.

❶ 오래된 뿌리를 잘리지 않게 주의해서 채취한다.
❷ 채취한 뿌리를 솔로 문질러 손질한 후 흐르는 물에 씻어 햇볕에 말린다.
❸ 유리병에 재료를 넣고 35도 이상의 소주를 부은 후 밀봉한다.
❹ 담금 3개월이 지나면 음용이 가능하지만, 오랫동안 숙성시켜 마시면 맛이 부드럽다.

:: **복용법** 취침 전 소주잔으로 한 잔 정도를 꾸준히 복용한다.
:: **주의점** 풍한으로 기침을 하는 사람은 복용을 삼가한다.

겨울의 하수오 덩이뿌리

잘 되면 내 덕, 안 되면 남의 탓이 아닌
모든 것이 다 내 탓임을
자각하는 삶을 살고 싶습니다.

겨울의 하수오입니다.
채취한 하수오를
잘 씻어서 말린 후 담금합니다.

오래된 뿌리를 채취한다.

하수오주

야생의 하수오는 약간의 독성이 있으므로, 술로 이용할 때에는 검정콩과 함께 담금하면 좋다. 다른 방법으로는 구증구포(9번 찌고 말리기를 반복하는 것)한다.

✿ 하수오는 간장과 신장, 심장을 보하는 약으로 산삼·구기자와 함께 3대 명약으로 불린다. 주로 보혈·강장·강정 작용을 하며, 흰머리를 검게 하는 효능이 있어 '약초의 황제' 라 불린다.

뿌리	알맞은 크기로 잘라서 법제 후 다리거나 분말화, 또는 말려서 담금
줄기	알맞은 크기로 자른 후 다림

재료 하수오의 뿌리 200g, 담금주용 소주(35도) 1.6L
　　　검정콩 20g(독성이 우려된다면 검정콩과 같이 담금한다)
채취 잎이 지는 가을에서 이른 봄까지 뿌리를 채취한다.

❶ 하수오의 오래된 뿌리를 채취한다.
❷ 뿌리를 흐르는 물에 잘 씻어서 알맞은 크기로 자른다.
❸ 쌀뜬 물에 하루 정도 담가 독성을 제거한다.
❹ 찜기에 올려 구증구포(9번 찌고 말리기를 반복)한다.
❺ 유리병에 재료를 넣고 소주를 부은 후 밀봉한다.
❻ 담근 지 3개월이 지나면 음용이 가능하다.
　(오랫동안 숙성시키면 더욱 부드러운 맛을 기대할 수 있다)

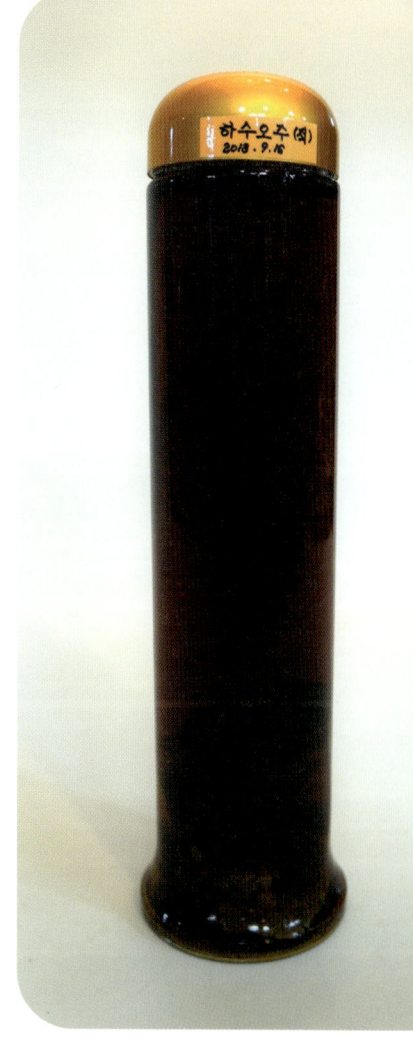

하수오의 건조 과정

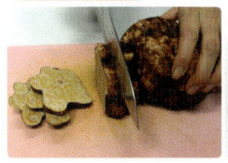   

:: **복용법** 취침 전 소주잔으로 한 잔 정도를 꾸준히 복용한다.
:: **주의점** 하수오주 복용 시에는 돼지고기나 돼지의 피, 양고기나 양의 피, 파 또는 마늘과 같은 음식을 피한다. 날 것을 쓰면 기(氣)는 한(寒)하고 성질은 염(斂)하며 독이 있으며, 끓인 것은 기(氣)가 온(溫)하고 독이 없으므로 이용에 주의한다.

가을 지치의 잎

좁은 마음으로는 할 수 없는 말이 있습니다.
"제가 잘못했습니다."
이 말 하나를 밖으로 내어
나의 형제, 나의 가정이
언제나 밝고 행복할 수 있기를 바라봅니다.

가을의 지치입니다.
뿌리를 채취한 후 씻어 말려
술에 담금해 봅니다.

지치는 담금한 후 하루가 미처
지나지 않아도 진하게 우러난다.

지치주 자초

지치의 뿌리는 예부터 자주색 물감으로 쓰이거나 천을 물들이는 염료로 사용되었다.

뿌리에 알칸닌과 시코닌 등의 성분이 함유되어 있는데, 피를 잘 돌게 하고 변을 잘 보게 한다. 또 항암·항균·항염증 작용이 있으며, 혈액순환 촉진에도 효능이 있다.

뿌리 말려서 다리거나 말려서 담금

재료 지치의 뿌리 30g, 담금주용 소주(35도) 0.9L
채취 뿌리를 늦은 가을에서 겨울 사이에 채취한다.

① 지치의 오래된 뿌리를 잘리지 않게 주의해서 채취한다.
② 뿌리의 흙을 솔로 털어낸 후 흐르는 물에 살짝 씻어서 햇볕에 말린다.

> **TIP** 흙이 묻은 상태로 세척하지 않는 이유는 물에 씻을 때 지치의 성분이 빠지는 것을 방지하기 위한 것이다.

③ 유리병에 재료를 넣고 35도 이상의 소주를 부은 후 밀봉한다.
④ 담금 3개월이 지나면 음용이 가능하지만, 오랫동안 숙성시켜 마시면 더욱 맛이 부드럽다.

지치의 세척 과정

:: **복용법** 취침 전 소주잔으로 한 잔 정도를 꾸준히 복용한다.
:: **주의점** 위장이 허약하거나 대변이 활설(滑泄)한 사람은 복용에 주의한다.

진삼의 뿌리

진짜가 있어 가짜가 있고
명품이 있어 짝퉁이 나오고
토종이 좋으니 재배가 생긴 것입니다.
누구나 진짜이고 싶고, 명품이고 싶고
토종을 원하기에
세상 속에서 진짜와 가짜를 구별할 수 있는 지혜가
요구되는 요즘입니다.

진삼의 뿌리를 채취하여 술에 담금해 봅니다.

건조시킨 진삼의 뿌리

진삼주 연화삼

진삼은 뿌리의 생김새과 산삼과 비슷하다. 각종 염증성 질환에 탁월한 효능이 있으며, 당뇨병과 췌장염과 같은 질병 치료에 효험이 있다.

❋ 진삼을 술에 담가 복용하면 맛과 향이 특별해진다. 진삼주는 혈액 순환을 좋게 하고, 기력을 높이며, 혈압을 낮추고, 두통을 치료하는 효과가 있다.

뿌리 생재를 그대로 복용, 말려서 다리거나 말려서 담금
전초 이른 봄 생재를 효소로 이용

재료 진삼의 뿌리 30g, 담금주용 소주(35도) 0.9L
채취 잎이 지는 가을에서 이른 봄까지 뿌리를 채취한다.

❶ 진삼의 오래된 뿌리를 잘리지 않게 채취한다.
❷ 채취한 뿌리를 흐르는 물에 잘 씻어서 햇볕에 말린다.
❸ 유리병에 재료를 넣고 35도 이상의 소주를 부은 후 밀봉한다.
❹ 담금 3개월이 지나면 음용이 가능하지만, 오랫동안 숙성시켜 마시면 더욱 맛이 부드럽다.

:: **복용법** 취침 전 소주잔으로 한 잔 정도를 꾸준히 복용한다.
:: **주의점** 육류·해산물·두부·땅콩·녹두 등과 함께 복용하지 않도록 한다.

오래된 뿌리를 채취하여
건조시킨다.

짚신나물의 잎

돌 틈으로 자라는 약초의 생명력을 배우고
그 효능을 이용해 건강에 지키고자 하는 마음이 있어
산을 오르며 흘리는 땀방울이 고운 것입니다.

짚신나물입니다.
짚신나물의 뿌리를 씻어서 말려
술에 담금해 봅니다.

짚신나물주 선학초

짚신나물의 뿌리를 '용아초근', 싹이 있는 뿌리줄기를 '선학초근' 이라고 하여 약용한다.

※ 뿌리에 탄닌과 카테콜타닌이 함유되어 있으며, 엘라그산·아그리모노시드·사포닌 성분도 들어 있다. 지혈·소염·지사·강심·승압·항암 작용 등이 있다. 일반적으로 염증 치료제와 구충제로 쓰인다.

뿌리 말려서 다리거나 말려서 담금
전초 이른 봄 생재를 효소로 이용

재료 짚신나물의 뿌리 30g, 담금주용 소주(35도) 0.9L
채취 잎이 지는 가을에서 이른 봄까지 뿌리를 채취한다.

❶ 짚신나물의 오래된 뿌리를 잘리지 않게 채취한다.
❷ 채취한 뿌리에 묻은 흙을 솔로 잘 제거하고 흐르는 물에 씻어서 햇볕에 말린다.
❸ 유리병에 재료를 넣고 35도 이상의 소주를 부은 후 밀봉한다.
❹ 담금 3개월이 지나면 음용이 가능하지만, 오랫동안 숙성시켜 마시면 더욱 맛이 부드럽다.

:: **복용법** 취침 전 소주잔으로 한 잔 정도를 꾸준히 복용한다.
:: **주의점** 뿌리와 잎 모두를 약으로 쓴다. 햇볕에 건조시키면 약성이 떨어지므로 반드시 그늘에 건조시켜야 하며 건조 중 곰팡이가 생기지 않도록 주의한다.

잘 우러난 천마주

흔하고 만나기 쉽다하여
약이 되지 않는 것은 아닙니다.
천마는 채취할 수 있는 기간이 짧아
시기를 잘 맞추어야 하기에
비가 오는 날에도 그 자생지로 발길을 향해 봅니다.

작게 올라온 천마의 줄기입니다.
반가운 손님을 채취해 봅니다.

줄기가 사라지는 시기에는
채취가 쉽지 않다.

천마주

천마·한라천마·애기천마의 덩이뿌리를 모두 '천마(天麻)'라고 하여 약용한다.

천마의 뿌리는 겨울에 채취하면 더욱 효능이 좋지만, 겨울의 야생에서는 줄기가 없기 때문에 찾기가 쉽지 않다. 맛은 달고 독은 없다. 사지마비와 반신불수, 고혈압과 두뇌질환 치료에 효능이 있다.

뿌리 생재를 그대로 복용, 말려서 다리거나 담금
전초 생재를 효소로 이용

재료 천마의 뿌리 200g, 담금주용 소주(35도) 1.6L
채취 천마의 뿌리를 줄기가 올라오는 시기인 5월 하순에서 6월초에 채취한다.

❶ 천마의 뿌리와 줄기가 잘리지 않게 주의해서 채취한다.
❷ 채취한 뿌리를 솔로 문질러 씻은 후에 햇볕에 말린다.
❸ 유리병에 재료를 넣고 35도 이상의 소주를 부은 후 밀봉한다.
❹ 담금 3개월이 지나면 음용이 가능하지만, 오랫동안 숙성시켜 마시면 더욱 맛이 부드럽다.

천마의 건조 과정

:: **복용법** 취침 전 소주잔으로 한 잔 정도를 꾸준히 복용한다.
:: **주의점** 어풍초근(御風草根)을 쓸 때는 천마를 함께 쓸 수 없다.

채취한 천문동의 뿌리

편하려, 가지려, 누리려하고
누구에게나 인정받고자 하는 마음을
부정하고 싶은 오늘입니다.

천문동 뿌리입니다.
뿌리를 거피한 후 말려서 담금해 봅니다.

천문동의 잎과 줄기, 열매

천문동주

맥문동과 비슷하다는 뜻에서 '천문동'이라 한다. 예부터 피부를 곱게 하고 무병장수에 도움을 준다고 알려지는 약초이다.

❁ 천문동의 뿌리를 술에 담금할 때에는 거피해서 담금하는 방법과 말려서 담금하는 두 가지 방법이 있다. 거피한 후 담금을 할 때는 뿌리를 끓는 물에 살짝 데친 후에 거피하면 작업이 쉬워진다.

뿌리 심을 제거한 후 말려서 다리거나 담금, 생재를 효소로 이용

재료 천문동의 뿌리 300g, 담금주용 소주(35도) 2.7L

채취 뿌리를 가을에서 이른 봄까지 채취한다.

❶ 오래된 뿌리를 잘리지 않게 채취한다.
❷ 채취한 뿌리를 흐르는 물에 잘 씻어 햇볕에 말린다.
❸ 유리병에 재료를 넣고 35도 이상의 소주를 부은 후 밀봉한다.
❹ 담금 3개월이 지나면 음용이 가능하지만, 오랫동안 숙성시켜 마시면 맛이 부드럽다.

:: **복용법** 취침 전 소주잔으로 한 잔 정도를 꾸준히 복용한다.
:: **주의점** 설사하는 사람은 복용을 삼가한다.

심장 모양의 백수오 잎(위)과 뿌리·담금주(아래)

백수오를 찾다보면 뱀과 지네를 자주 만납니다.
뱀과 지네가 서식한다는 것은
토질이나 환경이 좋다는 뜻이기도 합니다.
우리는 뱀이라 하면 무조건 싫어하고 해치려 합니다.
뱀은 우리에게 어떤 피해를 줄까요?
산행을 여러 해 해왔지만,
지금까지 생물의 공격을 받아본 적은 없습니다.
그들의 공간에 내가 들어갔으니
오히려 미안한 마음만 있습니다.

우리의 심장을 닮은 듯도 하고 사랑의 표시를 닮은 듯도 한
여름날의 백수오의 잎입니다.
오래된 백수오의 뿌리를 다치지 않게 채취하기 위해서는
많은 정성과 인내가 필요하지요.
정성으로 채취하여 술 가 담금해 봅니다.

백수오주 백하수오, 큰조롱

하수오와 대비하여 '백수오'라고 불리며, '큰조롱'이라고도 한다. 채취할 때는 덩이뿌리가 상하지 않도록 주의한다.

✿ 맛은 쓰고 달고 떫으며 독이 없다. 기를 보하고 뼈를 튼튼하게 하며 불면증과 신경쇠약, 건망증과 가슴두근거림에 치료 효과가 있다.

뿌리	알맞은 크기로 자른 후 말려서 다리거나 담금
전초	이른 봄 생재를 발효액으로 이용

재료 뿌리 300g, 담금주용 소주(35도) 3.3L
채취 뿌리를 잎이 지는 가을에서 이른 봄까지 채취한다.

❶ 뇌두를 확인한 후 뿌리의 방향을 잘 살펴 잘리지 않게 정성으로 채취한다.
❷ 뿌리의 겉껍질을 대나무칼(죽도)로 거피한다.
❸ 유리병에 재료를 넣고 35도 이상의 소주를 부은 후 밀봉한다.
❹ 담근 지 3개월이 지나면 음용이 가능하다.
 (오랫동안 숙성시키면 더욱 부드러운 맛을 기대할 수 있다)

  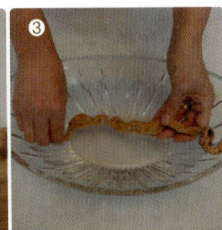 

:: **복용법** 취침 전 소주잔으로 한 잔 정도를 꾸준히 복용한다.
:: **주의점** 적당한 양의 약초주는 혈액순환을 돕고 좋은 효능을 기대할 수 있지만, 지나치면 위와 간을 해칠 수 있다.

채취한 호장근의 뿌리

살아 움직이는 생명의 소리를 들을 수 있는 곳.
그곳에서 자연의 신비를 만날 수 있습니다.
유명한 사람만 사는 세상이 아니듯,
값비싼 약초들만이 좋은 약초는 아닙니다.

오래된 호장근을 채취합니다.
채취한 호장근의 뿌리를 손질하여
담금을 시작합니다.

호장근의 오래된 뿌리는
분량을 작게 넣어도 잘 우러난다.

호장근주

호장근은 항균·항바이러스 작용을 하며, 진해·평천·화상 치료에 효험이 있다.

※ 뿌리줄기를 '호장(虎杖)'이라고 하며 약으로 쓴다. 사철 채취가 가능한 약초이다. 거풍이습·통경의 효능이 있으며, 이뇨·진해·진정 및 통경에 사용한다.

| 뿌리 | 알맞은 크기로 자른 후 말려서 다리거나 담금 |
| 줄기 | 말려서 다림 |

재료 호장근의 뿌리 200g, 담금주용 소주(35도) 1.6L
채취 뿌리를 가을에서 이른 봄까지 채취한다.

❶ 오래된 뿌리를 잘리지 않게 주의하여 채취한다.
❷ 채취한 뿌리를 흐르는 물에 솔로 씻어서 흙을 잘 제거하고 그늘에서 말린다.
❸ 유리병에 재료를 넣고 35도 이상의 소주를 부은 후 밀봉한다.
❹ 담금 3개월이 지나면 음용이 가능하지만, 오랫동안 숙성시켜 마시면 더욱 맛이 부드럽다.

:: **복용법** 취침 전 소주잔으로 한 잔 정도를 꾸준히 복용한다.
:: **주의점** 오심·구토·설사 등을 유발할 수 있으니 쓰는 양에 주의한다.

PART 05

전초로 담그는
약초주 8선

산과 들에는 우리가 알지 못해 그냥 밟고 지나칠 수 있는 풀들이 무수히 많습니다. 그것들은 모두 알고 나면 우리들에게 좋은 약초들이랍니다. 약초들에 대해 한 가지씩 알아가는 즐거움이 병원과 멀어지는 즐거움으로 이어지기를 기대해 봅니다.

맥문동의 푸른 잎

자신만을 위해 살아온 몸과 마음을 버리려
자연 속으로 합류합니다.
자연은 편견이 있지도 판단을 하지도 않고
언제나 넓은 가슴으로 우리를 맞아주기에.

겨울에도 푸른 잎을 만날 수 있는 맥문동입니다.
눈썰미가 없다면 잎만으로는
석창포와 구분할 수 없을 듯도 합니다.
맥문동을 잘 씻어 말려 술에 담금합니다.

사철 푸른 잎의 맥문동

맥문동주 맥동

잎이 보리와 비슷하고 겨울에도 시들지 않는다고 하여 '맥문동', 또는 '맥동'이라 한다. 맥문동은 사철 푸른 잎을 만날 수 있는 약초로, 폐결핵·기침·간염 치료에 효능이 있다.

※ 맥문동은 사포닌인 오피오포고닌과 스테로이드·세로토닌·당류 등을 함유하고 있다. 맛은 달고 약간 쓰며 독은 없다. 폐가 건조하여 오는 마른 기침과 토혈·각혈·소갈·변비를 치료한다.

전초	이른 봄 생재를 효소로 이용
뿌리	말려서 다리거나 말려서 담금

재료 맥문동의 전초 200g, 담금주용 소주(35도) 2.3L
채취 전초(또는 뿌리)를 가을에서 이른 봄까지 채취한다.

❶ 맥문동의 전초를 채취한다.
   TIP 뿌리만 채취하여 담금하여도 좋다.
❷ 흐르는 물에 뿌리 사이의 흙까지 잘 씻은 후 햇볕에 말린다.
❸ 유리병에 재료를 넣고 35도 이상의 소주를 부은 후 밀봉한다.
❹ 담금 3개월이 지나면 음용이 가능하지만, 오랫동안 숙성시켜 마시면 더욱 맛이 부드럽다.

:: **복용법** 취침 전 소주잔으로 한 잔 정도를 꾸준히 복용한다.
:: **주의점** 비위허한으로 설사하는 사람, 위에 담음습탁(痰飮濕濁)이 있는 사람, 폭감풍한(暴感風寒)으로 기침을 하는 사람은 복용에 주의를 요한다.

가을날의 백모근

어디로 갈 지 모르니 여유가 없고
무엇을 해야 할지 모르니 마음만 바쁩니다.
어디서 와서 어디로 가는지를 안다면
여유 있는 삶을 꾸리고
더욱 여유 있는 산행을 할 수 있을 텐데요.

삐삐라 불리기도 하는 백모근입니다.
어린 시절 먹었던 백모근 뿌리의
달작지근한 맛을 기억하십니까?
잘 다듬어 말려서 담금을 준비합니다.

채취한 백모근의 전초

백모근주 띠, 삐삐

뿌리를 말리면 색이 희다고 해서 생약명으로 '백모근'이라고 한다.

봄과 가을에 채집하여 지상 부분과 흙을 제거하고 깨끗이 씻어서 햇볕에 말린 후, 수염뿌리와 잎집을 비벼서 제거한 후 쓴다.

백모근은 맛이 달고 독은 없다. 각종 출혈과 신장염·방광염·고혈압을 치료하고, 천식·간염·황달·복수·수종 치료에도 효능이 있다.

뿌리　말려서 다리거나 말려서 담금

재료　백모근의 뿌리 100g, 담금주용 소주(35도) 1.6L
채취　전초(또는 뿌리)를 단풍이 드는 가을에서 이른 봄까지 채취한다.

❶ 백모근 전초를 채취하여 잎을 정리한다.
❷ 흐르는 물에 살짝 씻어서 햇볕에 말린다.
❸ 유리병에 재료를 넣고 35도 이상의 소주를 부은 후 밀봉한다.
❹ 담금 3개월이 지나면 음용이 가능하지만, 오랫동안 숙성시켜 마시면 더욱 맛이 부드럽다.

:: **복용법**　취침 전 소주잔으로 한 잔 정도를 꾸준히 복용한다.
:: **주의점**　비위(脾胃)가 차갑고 약한 사람은 복용을 삼가한다.

바위틈의 삼구심(위), 산삼의 뿌리와 담금주(아래)

보기만 해도 가슴 떨리는 순간의 깃습니다.
산꾼으로서의 커다란 즐거움이지요.
산을 넘고 넘어서 다리가 아파도
언젠가 만날 수 있다는 희망이 있어 몸도 마음도 즐거운 순간입니다.

바위틈에 자리한 삼구심입니다.
때로는 운 좋게 가족 삼을 만나는 행운도 있답니다.
채취한 산삼들을 고이 모셔 와 잘 우러나도록
산삼주를 담가 봅니다.

산삼주

원기를 크게 보양하며, 진액을 생겨나게 하고, 오장을 보양하며, 정신을 안정시키는 약초의 황제이다. 산삼은 천종·지종·인종·장뇌 이상의 4가지 종류로 분류된다. 맛은 달고 약간 쓰다. 전초에 배당체와 정유·아미노산·비타민·유기산·탄수화물과 여러 가지 광물질 등이 함유되어 있다.

❀ 산삼은 원기를 보해주고 두뇌활동과 정신력을 왕성하게 하며, 당뇨·암·혈압·간·심장 질환 등 각종 성인병 예방과 정력부진 및 갱년기 장애 해소에 탁월한 효능이 있다. 또한 산삼을 먹게 되면 스트레스에 의한 신경과민과 빈혈해소에 좋고, 눈이 맑아지며, 추위를 타지 않고 머리가 좋아진다. 더불어 조혈과 신진대사 촉진 작용을 하며 인체의 저항력을 높임과 동시에 면역기능을 향상시켜 준다.

전초 생재를 그대로 복용하거나 다려서 복용, 세척 후 물기를 제거하고 술에 담금

재료 산삼의 전초 15g, 담금주용 소주(35도) 1.2L
채취 귀하게 만나는 약초이므로, 산삼을 만날 때가 곧 채취시기라고 할 수 있다.
(작은 것은 성장할 수 있도록 보호한다)

❶ 산삼의 전초를 감사의 마음으로 채취한다.
   TIP 실뿌리 하나까지 다치지 않게 주의한다.
❷ 채취한 산삼을 흐르는 물에 씻어서 물기를 제거한다.
❸ 유리병에 재료를 넣고 35도 이상의 소주를 부은 후 밀봉한다.
❹ 담금 3개월이 지나면 음용이 가능하지만, 오랫동안 숙성시켜 마시면 더욱 맛이 부드럽다.

:: **복용법** 취침 전 소주잔으로 한 잔 정도를 꾸준히 복용한다.
:: **주의점** 산삼은 깨끗한 물로 세척하여 통째로 생식하거나 꿀과 함께 복용하면 더욱 효과를 볼 수 있다. 술에 담가 복용할 때에는 산삼 크기만한 병에 3개월 이상 숙성시킨 후 복용한다. 복용 시에 미역·다시마·파래·생선회·개고기·녹두와 같은 음식을 피한다. 음이 허하고 기침이 나며 토혈하는 환자는 신중하게 써야 한다.
산삼 복용 시에 일시적으로 열이 나거나 졸음이 올 수도 있으니 주의한다.

여름철의 삼지구엽초 잎

천국과 지옥이 따로 있을까요?
주어진 조건에서 마음을 비우고 생각해보니
모두가 감사하고 행복한 시간들뿐입니다.

가지가 셋, 잎이 아홉 장이라 하여
삼지구엽초라 불리는 약초.
잎을 채취하여 그늘에 말려
술에 담금해 봅니다.

건조시킨 삼지구엽초의 전초

삼지구엽초주 음양곽

삼지구엽초는 여름에 전초를 베어 그늘에서 말려 쓴다. 맛은 매우면서 달고 독은 없다.

❋ 전초에 사포닌·알칼로이드·플라보노이드가 함유되어 있어, 신양(腎陽)을 보하고 정기를 도우며 근골을 튼튼하게 하고 풍습을 없앤다. 강정 작용·이뇨 작용·강압 작용이 있다.

지상부 이른 봄 생재를 효소로 이용, 말려서 다리거나 담금

재료 삼지구엽초의 전초 100g, 담금주용 소주(35도) 3.3L
채취 전초를 여름에 채취한다.

❶ 삼지구엽초의 전초를 채취한다.
❷ 채취한 삼지구엽초를 흐르는 물에 씻어 내고 그늘에 말린다.
❸ 유리병에 재료를 넣고 35도 이상의 소주를 부은 후 밀봉한다.
❹ 담금 3개월이 지나면 음용이 가능하지만, 오랫동안 숙성시켜 마시면 더욱 맛이 부드럽다.

:: **복용법** 취침 전 소주잔으로 한 잔 정도를 꾸준히 복용한다.
:: **주의점** 음(陰)이 허(虛)하고, 상화(相火)가 쉽게 동(動)하는 사람은 복용을 금한다.

잘 우러난 석창포주

요즘 날씨가 무척이나 추워졌다 합니다.
그러나 춥다고 하는 것은 우리의 마음이 아닐까요?
춥다고 약초가 숨는 것이 아니고
산도 늘 그곳에 있습니다.
우리의 열정 앞에 추위가 스르르 물러가는 하루입니다.

추위를 이기고 나온 석창포를 선물로 받았습니다.
담금을 위하여 씻어서 말립니다.

건조시킨 석창포의 전초

석창포주 창포

석창포의 잎은 항상 푸르기 때문에, 사철 채취가 가능하나 특히 가을에 채취한다. 채취 후에는 줄기와 잎, 수염뿌리를 제거하고 깨끗이 씻어 그늘에 말린 후 쓴다.
맛은 쓰고 매우며 독은 없다. 아사론이라는 정유 성분이 함유되어 있어, 전간·열병으로 인한 혼수·건망증·이명증·위통·복통·타박상을 치료한다. 또한 두뇌 계통 질환 치료에 효능이 있으며, 현기증이나 어지럼증이 있는 사람에게도 좋다.

전초 말려서 다리거나 말려서 담금

재료 석창포의 전초 200g, 담금주용 소주(35도) 1.6L
채취 사철 채취가 가능하지만 가을에서 이른 봄까지 채취한 것이 효능이 더 좋다.

❶ 오래된 것을 골라 전초를 채취한다.
❷ 채취한 전초을 흐르는 물에 살짝 씻어 햇볕에 말린다.
  TIP 뿌리만 채취하여 담금하여도 좋다.
❸ 유리병에 재료를 넣고 35도 이상의 소주를 부은 후 밀봉한다.
❹ 담금 3개월이 지나면 음용이 가능하지만, 오랫동안 숙성시켜 마시면 더욱 맛이 부드럽다.

:: **복용법** 취침 전 소주잔으로 한 잔 정도를 꾸준히 복용한다.
:: **주의점** 빈혈이나 마음이 조급하여 땀이 많이 나는 증상, 해수·토혈·몽정 환자는 복용에 주의한다.

잘 우러난 와송주

누구에게나 평등하고
누구라도 다 안아주는 자연의 품속입니다.
자연을 닮은 어머니의 품속처럼
따뜻한 가슴으로 살아가고 싶습니다.

감사하는 마음으로 와송을 채취합니다.
채취한 와송을 말려서 담금을 준비합니다.

채취한 와송의 전초

와송주 바위솔

와송은 여름과 가을에 지상부만 가위로 자른 후 불순물을 제거하고 햇볕에 말린 후 쓴다. 다량의 초산(草酸)을 함유하고 있다.

맛은 시면서 쓰며 독은 없다. 지혈하고 습을 제거하며 부기를 가라앉히는 효능이 있다. 또한 열을 내리고 해독하며, 항암 작용이 있다.

지상부 생재를 효소로 이용, 말려서 다리거나 담금

재료 와송의 전초 30g, 담금주용 소주(35도) 0.9L
채취 전초를 여름에서 가을까지 채취한다.

❶ 와송의 전초를 채취한다.
❷ 채취한 와송을 흐르는 물에 살짝 씻어 햇볕에 말린다.
❸ 유리병에 재료를 넣고 35도 이상의 소주를 부은 후 밀봉한다.
❹ 담금 3개월이 지나면 음용이 가능하지만, 오랫동안 숙성시켜 마시면 더욱 맛이 부드럽다.

:: **복용법** 취침 전 소주잔으로 한 잔 정도를 꾸준히 복용한다.
:: **주의점** 비위(脾胃)가 차갑고 약한 사람은 복용을 삼가한다.

나무에 기생하는 일엽초

태양은 세상을 위해 언제나 존재하지만
현란한 마음이 없이 존재하기에 허황된 바람이 없고
기쁨과 슬픔이 없이 언제나 여여합니다.
그 마음을 배워보려 길을 나섭니다.

겨울에도 푸름을 잃지 않는 일엽초입니다.
그 강인한 생명력만큼 좋은 효능을 담고 있습니다.
일엽초를 채취하여 이물질을 제거한 후 씻어 말립니다.

채취한 일엽초의 전초

일엽초주 와위

일엽초는 위암·자궁암·유방암 등의 암 세포를 제거하는 효능이 있다. 이 외에 요도염·신장염·대장염의 치료와 각종 결석 치료에도 쓰인다.

❋ 채취 후에는 깨끗이 씻어 햇볕에 말려 쓰는데, 건조시킨 일엽초의 대부분은 여러 그루가 감겨서 한 덩어리로 붙어 있다. 맛은 싱겁고 독은 없다.
이뇨와 지혈 작용이 있으며, 기침을 할 때 가래에 피가 섞여 나오는 증상의 치료에도 효능이 있다.

| 전초 | 말려서 다리거나 말려서 담금 |

재료 일엽초의 전초 10g, 담금주용 소주(35도) 0.9L
채취 전초를 가을에서 이른 봄까지 채취한다.

❶ 일엽초의 전초를 채취한다.
❷ 채취한 일엽초를 흐르는 물에 씻어서 햇볕에 말린다.
❸ 유리병에 재료를 넣고 35도 이상의 소주를 부은 후 밀봉한다.
❹ 담금 3개월이 지나면 음용이 가능하지만, 오랫동안 숙성시켜 마시면 더욱 맛이 부드럽다.

:: **복용법** 취침 전 소주잔으로 한 잔 정도를 꾸준히 복용한다.
:: **주의점** 적당한 양을 복용하면 혈액순환을 돕는 좋은 효능을 기대할 수 있지만, 지나치면 위와 간을 해칠 수 있다.

산죽의 잎

꿈속에서는 꿈인 줄 모르고 안타까움에 발을 동동 굴렸습니다.
꿈을 깬 후에 꿈인 것을 알듯이,
우리 인생도 큰 의식으로 보면
꿈에 불과할 지도 모를 일입니다.
현실에 너무 얽매이지 않고 여유와 나눔.
그 큰마음으로 살아가고 싶습니다.

온 산을 뒤덮은 산죽들입니다.
조릿대 한 뿌리를 담아와서 술에 담금해 봅니다.

조릿대를 담금할 때에는
채취한 후 잔뿌리를 제거한다.

조릿대주 산죽, 대나무

대나무의 다른 이름이다. 각종 암과 중풍 뿐 아니라, 고혈압·당뇨병·간질·만성간염·위궤양·십이지장 궤양 등에 치료 효과가 크다.
대나무의 죽순에는 검정 죽순과 흰 죽순이 있는데, 흰 죽순이 더욱 많은 영양분을 지니고 있다.
조릿대는 특히 열을 내리고 소변을 잘 누게 하며, 출혈을 멈추게 하는 효능이 크다.

뿌리와 전초	알맞은 크기로 잘라서 말려 다리거나 담금
죽순	알맞은 크기로 잘라서 말려 다리거나 담금, 효소로 이용

재료 조릿대의 전초 100g, 담금주용 소주(35도) 1.6L
채취 뿌리나 전초는 사철 채취가 가능하고, 죽순은 늦은 봄에서 여름 사이에 채취한다.

❶ 조릿대의 전초를 채취하여 잔뿌리를 제거한다.
❷ 손질한 조릿대를 흐르는 물에 씻어서 햇볕에 말린다.
❸ 유리병에 재료를 넣고 35도 이상의 소주를 부은 후 밀봉한다.
❹ 담금 3개월이 지나면 음용이 가능하지만, 오랫동안 숙성시켜 마시면 더욱 맛이 부드럽다.

:: **복용법** 취침 전 소주잔으로 한 잔 정도를 꾸준히 복용한다.
:: **주의점** 성질이 차가우므로 혈압이 낮은 사람이나 몸이 찬 사람은 복용을 삼가한다.

PART 06

버섯 & 기타 약초로 담그는
약초주 13선

먹을거리가 부족하던 옛 시절과는 달리, 지금은 먹을거리가 너무 풍부하여 생기는 질병이 많은 시대입니다. 또한 방부제나 농약 등으로 인해 오히려 독이 되는 식품들도 많습니다. 자연에서 나고 자란 천연 토종이 좋다는 것은 잘 알고 있지만, 그 양이 많지 않아 쉽게 접할 수 없음이 아쉬운 현실입니다. 그러기에 더욱 더 토종약초들을 보호해야 한다는 마음으로 산행에 임해야 하겠습니다.

개능이버섯은 송이버섯과
같은 시기에 채취한다.

초가을의 개능이버섯

꼭 가야되는 이유는 없지만
언제나 가고 싶을 때 갈 수 있는 산이 있기에
부자가 된 마음으로 출발합니다.
이곳에서는 또 어떤 것들이 나를 맞아 줄 것인지 설레입니다.

송이버섯을 만나러 갔다가
주인공은 만나지 못하고 개능이버섯 군락을 만났습니다.
새로운 만남은 언제나 즐거움이고 설레임이죠?
잘 씻어 말리고 준비한 병에
개능이버섯과 담금주를 채웁니다.

개능이버섯주 무늬노루털버섯

개능이버섯은 양지 바른 소나무 주위에서 자생하는 보양버섯이다.
능이보다 약간 더 쓴맛이 있으며, 약성도 능이버섯보다 더 뛰어나다.

❀ 개능이버섯은 각종 암과 당뇨 등 모든 질환에 두루 좋은 효능이 있는데, 특히 소화를 촉진하고 체중을 풀어주는 효과가 크다.

전초 말려서 다리거나 말려서 담금

재료 개능이버섯 30g, 담금주용 소주(35도) 0.9L
채취 초가을 송이버섯과 같은 시기에 채취한다.

❶ 개능이버섯의 전초를 채취하여 준비한다.
❷ 흐르는 물에 뿌리 부분의 흙을 살짝 씻은 후, 햇볕에 말린다.
❸ 유리병에 재료를 넣고 35도 이상의 소주를 부은 후 밀봉한다.
❹ 담금 3개월이 지나면 음용이 가능하지만, 오랫동안 숙성시켜 마시면 맛이 부드럽다.

:: **복용법** 취침 전 소주잔으로 한 잔 정도를 꾸준히 복용한다.
:: **주의점** 능이버섯에 비해 약간의 독성을 가지고 있으므로 쓰는 양을 조절해야 한다.

잘 우러난 개회상황버섯주
자신만을 위하여 살고
무언가를 얻으러 산을 오르는 나는
자연 앞에 오늘도 작아지는 자신을 발견합니다.

눈 오는 날 겨울산행을 즐기던 중 만난
개회나무와 개회상황버섯을 채집하여
담금주를 만들었습니다.

상황버섯의 성장이 멈추는
겨울에 채취한다.

개회상황버섯주

개회나무의 가지 및 껍질을 '폭마자(暴馬子)'라 하여 약용하는데, 거담·진해 작용이 있으므로 기관지염이나 천식 등에 응용하여 쓴다.

⊛ 개회상황버섯은 갑상선암과 식도암·폐암 등 여러 가지 암증과 각종 심장질환이나 고혈압에 좋은 효능이 있다.

상황버섯 알맞은 크기로 자른 후 말려서 다리거나 담금

재료 개회상황버섯 30g, 담금주용 소주(35도) 0.9L
채취 버섯의 성장이 멈추는 겨울에 채취한다.

❶ 버섯의 모양이 유지되게 조심스럽게 채취한다.
❷ 버섯에 붙은 이물질을 솔로 문질러 제거한 후, 버섯의 윗부분만 흐르는 물에 살짝 씻어 그늘에 말린다.
  TIP 작게 조각을 내어 담금을 하여도 잘 우러난다.
❸ 유리병에 재료를 넣고 35도 이상의 소주를 부은 후 밀봉한다.
❹ 담금 3개월이 지나면 음용이 가능하지만, 오랫동안 숙성시켜 마시면 더욱 맛이 부드럽다.

  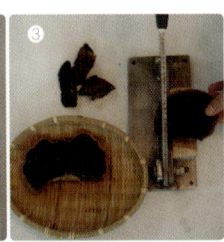 

:: **복용법** 취침 전 소주잔으로 한 잔 정도를 꾸준히 복용한다.
:: **주의점** 적당한 양을 복용하면 혈액순환을 돕는 좋은 효능을 기대할 수 있지만, 지나치면 위와 간을 해칠 수 있다.

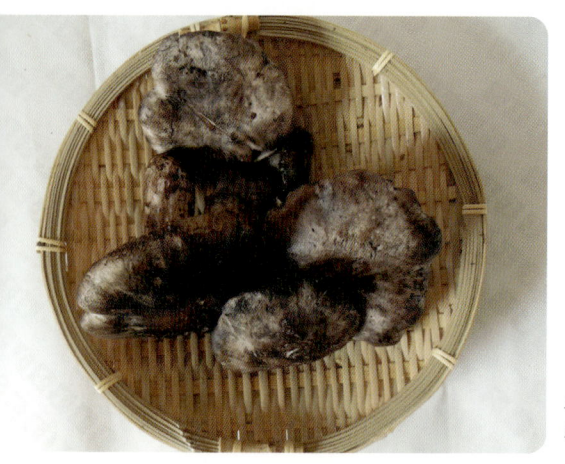

소나무 잎 사이의 굽더덕버섯

가을날에 자연산 송이를 채취하러 가면
가끔 만날 수 있는 굽더덕버섯입니다.
소나무 잎들 사이로 살며시 올라오고 있는
굽더덕버섯이 보이십니까?
제법 자라서 땅위로 쑥 올라와 있는
굽더덕버섯을 조심스레 채취하여
술에 담금하여 봅니다.

뿌리 부분까지 다치지 않도록
채취에 주의한다.

굽더덕버섯주 흰굴뚝버섯

소나무 주위에서 자생한다. 송이버섯이나 능이버섯과 같은 독특한 향은 없지만 식용이 가능하기 때문에 많이 채취된다. 특히 가을철에 많이 채취하여 식용한다.
✿ 알레르기와 천식치료에 좋은 효능이 있으며, 소화촉진·간보호·강장 작용·항암 작용이 뛰어나다.

전초 말려서 다리거나 말려서 담금

재료 굽더덕버섯 50g, 담금주용 소주(35도) 0.9L
채취 뿌리까지 초가을에 채취한다.

❶ 뿌리 부분까지 다치지 않도록 주의해서 채취한다.
❷ 뿌리 부분의 흙을 잘 털어내어 흐르는 물에 씻은 후, 햇볕에 말린다.
❸ 유리병에 재료를 넣고 35도 이상의 소주를 부은 후 밀봉한다.
❹ 담금 3개월이 지나면 음용이 가능하지만, 오랫동안 숙성시켜 마시면 더욱 맛이 부드럽다.

:: **복용법** 취침 전 소주잔으로 한 잔 정도를 꾸준히 복용한다.
:: **주의점** 쓴 맛이 있고 약성이 강하므로 쓰는 양을 조절해야 한다.

참나무에 매달린 노루궁뎅이버섯
무엇이든 가지려고만 하던 이 두 손과
나만의 이익을 위해서만 달려가던 이 두 발을
다른 누군가를 위해 쓸 수 있음에 감사합니다.

노루궁뎅이버섯은
겨울 산행의 묘미이기도 합니다.
생김새가 마치 노루궁뎅이를 닮았다하여 이름 붙여졌습니다.
채취한 노루궁뎅이버섯을 말려서 담금을 준비합니다.

버섯이 부서지지 않게
주의해서 채취한다.

노루궁뎅이버섯주 후두

버섯 모양이 마치 노루궁뎅이를 닮았다고 하여 '노루궁뎅이 버섯'이라고 부른다. 중국명은 '후두'이다.
야생의 노루궁뎅이버섯은 매우 희귀하기 때문에 산삼보다 더 귀하게 취급되기도 한다. 다양한 유리 아미노산이 함유되어 있어 오장을 이롭게 하고 체내 소화기관을 돕는다.
❀ 노루궁뎅이버섯의 맛은 달며, 항염과 항균효과가 특히 탁월하다.

전초 말려서 다리거나 말려서 담금

재료 노루궁뎅이버섯 300g, 담금주용 소주(35도) 1.6L
채취 가을이나 겨울에 죽어가는 참나무에서 만날 수 있다.

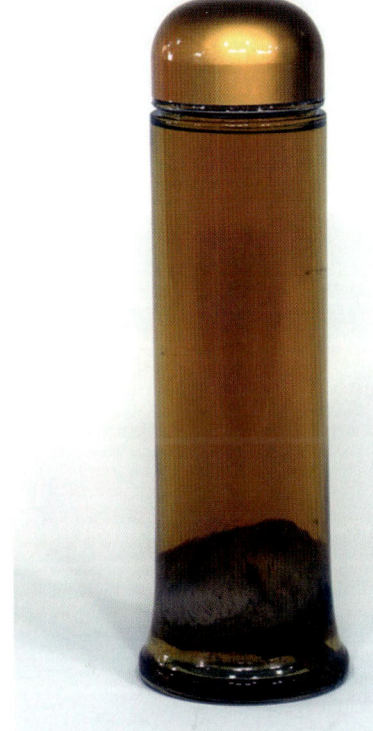

❶ 버섯이 부서지지 않게 주의해서 온전한 모양으로 채취한다.
❷ 채취한 버섯을 흐르는 물에 살짝 씻어 햇볕에 말린다.
  TIP 햇볕이 잘 들지 않는 날에는 실내에서 선풍기를 이용해 말린다.
❸ 유리병에 재료를 넣고 35도 이상의 소주를 부은 후 밀봉한다.
❹ 담금 3개월이 지나면 음용이 가능하지만, 오랫동안 숙성시켜 마시면 더욱 맛이 부드럽다.

:: **복용법** 취침 전 소주잔으로 한 잔 정도를 꾸준히 복용한다.
:: **주의점** 오래 복용해도 부작용이 없는 버섯이지만, 다른 버섯에 비해 변질이 쉽게 되므로 채취 후에 신선도를 유지하도록 주의해야 한다.

능이버섯 무리

산에서 나는 쇠고기라 불리는 능이버섯입니다. 능이버섯은 참나무 주위에 다소 많이 분포되어 있으며, 마사토(화강토)가 적당이 있는 곳에서 잘 자생합니다.

능이버섯을 술로 담금할 때에는 햇볕에 하루 정도 건조시킨 후에 이용하는데, 생능이버섯보다 향은 조금 떨어질 수 있지만, 수분을 제거한 능이버섯은 오랫동안 보관이 가능합니다. 능이버섯의 변화를 지켜보며 오랜 기다림을 시작해 봅니다.

햇볕에 하루 정도 건조시킨 능이버섯

능이버섯주 참능이버섯, 향버섯

능이버섯은 참나무 주위의 그늘지고 습한 곳에서 자란다. 암을 예방하고 기관지 천식과 감기를 치료하는 효과가 있다.
약하게 독성이 있기 때문에 생으로 먹으면 복통이나 두통을 유발한다. 때문에 끓는 물에 5분 정도 데친 후 찬물로 2~3회 정도 헹구어 물기를 제거하여 이용한다.

❀ 능이버섯은 특히 소화를 촉진하여 체증을 풀어주며, 천식을 개선시킨다. 또한 체내의 콜레스테롤을 저하시키고, 위암·간암·폐암·자궁암에 대한 항암효과가 있다.

전초 말려서 다리거나 말려서 담금

재료 능이버섯 50g, 담금주용 소주(35도) 0.9L
채취 9월에서 10월 사이에 전초를 채취한다.

❶ 버섯이 부서지지 않게 주의해서 채취한다.
❷ 뿌리 쪽의 흙을 털어내고 흐르는 물에 살짝 씻어 햇볕에 말린다.
❸ 유리병에 재료를 넣고 35도 이상의 소주를 부은 후 밀봉한다.
❹ 담금 3개월이 지나면 음용이 가능하지만, 오랫동안 숙성시켜 마시면 맛이 부드럽다.

:: **복용법** 취침 전 소주잔으로 한 잔 정도를 꾸준히 복용한다.
:: **주의점** 능이버섯을 생식하면 가벼운 중독 증상이 나타나며, 위장에 염증과 궤양이 있을 때는 복용을 금해야 한다.

야생의 송이버섯

요즘에는 소나무산이나 바위산 쪽에
발걸음을 하는 경우가 많습니다.
오래된 산도라지를 만날 수 있으며,
하수오도 만날 수 있기 때문입니다.
또 운이 좋으면 송이도 만날 수 있습니다.

송이를 만나 잠시간 만남의 기쁨을 누리고
살짝 씻어 말려 담금을 준비합니다.

채취한 후 향이 사라지지 않도록
뿌리쪽의 흙만 살짝 씻어낸다.

송이버섯주

살아있는 소나무뿌리에 붙어서 살아 간다고 하여 '송이버섯'이라고 한다. 소나무가 있는 거의 모든 지역에 자생하는데, 주로 여름과 가을철에 채취하여 햇볕에 건조시킨다.

송이버섯은 맛은 달며 독이 없다. 향기가 좋아 입맛을 돋우며, 수명을 늘려준다고도 알려져 있다. 향을 추출해 이용하기도 한다.

전초 차(살짝 말려 잘게 다진 후 꿀에 절임)로 이용, 말려서 다리거나 말려서 담금

재료 송이 전초 100g, 담금주용 소주(35도) 0.9L
채취 늦은 여름에서 가을 사이에 전초를 채취한다.

❶ 송이버섯의 전초를 채취한다.
❷ 향이 사라지지 않도록 흐르는 물에 뿌리 쪽 흙만 살짝 씻어 햇볕에 말린다.
❸ 유리병에 재료를 넣고 35도 이상의 소주를 부은 후 밀봉한다.
❹ 담금 3개월이 지나면 음용이 가능하지만, 오랫동안 숙성시켜 마시면 맛이 부드럽다.

:: **복용법** 취침 전 소주잔으로 한 잔 정도를 꾸준히 복용한다.
:: **주의점** 손질 시에 고유의 향이 사라지지 않도록 조심해야 좀 더 향긋한 술을 얻을 수 있다.

채취 후 건조시킨 운지버섯

꽃구름과 같은 운지버섯

자존심, 열등감, 집착.
나의 마음속에만 있고
남에게 보여줄 수도 만질 수도 없는 것들입니다.
하지만 우리는 이것들로 얼마나 많은 고통을 받습니까?
자연의 평온함으로 눈을 돌려
마음 속 소용돌이를 치유해 봅시다.

죽은 참나무에 기생하는 운지버섯입니다.
운지버섯을 채취하여 담금을 준비합니다.

운지버섯주 구름버섯, 기와버섯

구름처럼 뭉쳐서 난다고 하여 '운지(雲芝)', 또는 '구름버섯'이라고 부른다. 북한에서는 '기와버섯'이라고도 한다. 맛은 약간 달다. 포화 지방산과 불포화 지방산·항종양 성분·단백다당체·유리 아미노산 등이 함유되어 있다.
✽ 특히 간암·위암·폐암·소화기계암 등 여러 가지 암증 치료에 효능이 크다.

전초 말려서 다리거나 말려서 담금

재료 운지버섯의 전초 30g, 담금주용 소주(35도) 0.9L
채취 전초를 사철 채취 가능하다.

❶ 운지버섯의 전초를 채취한다.
❷ 채취한 운지버섯을 흐르는 물에 살짝 씻어서 햇볕에 말린다.
❸ 유리병에 재료를 넣고 35도 이상의 소주를 부은 후 밀봉한다.
❹ 담금 3개월이 지나면 음용이 가능하지만, 오랫동안 숙성시켜 마시면 더욱 맛이 부드럽다.

:: **복용법** 취침 전 소주잔으로 한 잔 정도를 꾸준히 복용한다.
:: **주의점** 생김새가 유사한 독버섯이 많으므로 채취 시에 특히 주의해야 한다. 유사 독버섯으로 갈색꽃구름버섯·송곳니구름버섯·기와층버섯·삼색도장버섯 등이 있다.

눈 속의 차가버섯

과거란?
지나간 시간, 현재에는 없는 것, 내 마음에만 있는
누구에게도 보여줄 수 없는 나만의 세상입니다.
과거의 미련이나 아쉬움, 집착으로
현재를 잃고 있지는 않은지 생각해 봅니다.

차가버섯은 오래 자란 큰 자작나무에 기생하는
자작나무의 혹(악성종양)입니다.
차가버섯을 손질한 후 말려 담금해 봅니다.

버섯의 성장이 멈추는
겨울에 채취한다.

차가버섯주 자작나무버섯

오래된 자작나무에 기생하는 '자작나무혹버섯'으로, 알칼로이드·플라보노이드·트리테르페노이드·이노시톨·아가리틴산 등의 성분이 함유되어 있다.

위에서 항궤양 작용을 하고, 소화기 계통의 암에 대해 면역 활성 작용을 한다. 최근에는 당뇨에도 특효가 있는 것으로 알려지고 있다.

| 전초 | 물을 끓여 50~60℃로 식힌 후 말린 버섯을 우려서 복용하거나 말려서 담금 |

재료 차가버섯 30g, 담금주용 소주(35도) 0.9L
채취 자작나무에서 버섯의 성장이 멈추는 겨울에 채취한다.

❶ 버섯의 모양이 흐트러지지 않도록 주의해서 채취한다.
❷ 버섯에 붙은 이물질을 솔로 문질러 제거한 후, 버섯의 윗부분만 흐르는 물에 살짝 씻어 그늘에 말린다.
❸ 유리병에 재료를 넣고 35도 이상의 소주를 부은 후 밀봉한다.
   TIP 작게 조각을 내어 담금을 하여도 잘 우러난다.
❹ 담금 3개월이 지나면 음용이 가능하지만, 오랫동안 숙성시켜 마시면 더욱 맛이 부드럽다.

:: **복용법** 취침 전 소주잔으로 한 잔 정도를 꾸준히 복용한다.
:: **주의점** 오랜 기간 복용하면 신경쇠약증세를 일으킬 수 있으니 쓰는 기간을 조절해야 한다.

황철나무에 매달린 상황버섯

잎을 떨구고 다시 봄을 준비해야 하는데,
자연에는 손이 없고 발이 없음에
바람이 대신하여 그 일을 대신합니다.
어쩌면 우리는 바람보다도 미약한지 모릅니다.
누군가를 위해 대가 없이 마음을 내기가
쉽지 않은 까닭입니다.

황철상황버섯을 채취하여 다듬어 말려
술에 담금해 봅니다.

모양이 흐트러지지 않게
주의해서 채취한다.

황철상황버섯주 은사시상황버섯

상황버섯은 효능이 뛰어나 일반적으로 항암 치료에 사용되고 있지만 당뇨병 등의 성인병 예방과 치료에도 큰 효능이 있다고 밝혀지고 있다. 소량 복용해도 효과가 크며 보통은 차게 복용하지만, 질병이 있는 사람은 따뜻하게 복용해도 무방하다.

❀ 황철상황버섯은 특히 간암과 소화기계 암 치료에 효과가 있으며, 면역항체를 강화시킨다.

황철나무 줄기 수피를 말려서 다림
상황버섯 알맞은 크기로 자른 후 말려서 다리거나 담금

재료 황철상황버섯 30g, 담금주용 소주(35도) 0.9L
채취 상황버섯의 성장이 멈추는 겨울에 채취한다.

❶ 버섯의 모양이 흐트러지지 않게 주의해서 채취한다.
❷ 버섯에 붙은 이물질을 솔로 문질러 제거한 후 버섯의 윗부분만 흐르는 물에 살짝 씻어내고 그늘에서 말린다.
❸ 유리병에 재료를 넣고 35도 이상의 소주를 부은 후 밀봉한다.

> TIP 작게 조각을 내어 담금을 하여도 잘 우러난다.

❹ 담금 3개월이 지나면 음용이 가능하지만, 오랫동안 숙성시켜 마시면 더욱 맛이 부드럽다.

:: **복용법** 취침 전 소주잔으로 한 잔 정도를 꾸준히 복용한다.
:: **주의점** 적당한 양을 복용하면 혈액순환을 돕는 좋은 효능을 기대할 수 있지만, 지나치면 위와 간을 해칠 수 있다.

나무 위의 겨우살이들

세상 속에서 무언가를 바라기보다는
세상 속에 무엇인가를 쌓아보리라 다짐하며
새날이 밝기 전에 집을 나섭니다.

겨울산행을 더욱 신나게 하는 약초.
참나무에 기생하여 자라는 겨우살이입니다.
멀리서 보면 새집을 닮은 모양이기도 하지요.
겨우살이를 말려 술에 담금해 봅니다.

겨우살이는 기생하는 나무의 잎이
떨어진 겨울철에 채취한다.

겨우살이주 기동

주로 겨울철에 채취하는 겨우살이는 다른 약재들과 상호 보완 작용을 하는 좋은 약재이다.
겨우살이는 암수의 나무가 따로 있으며, 밤나무와 오리나무에 기생하는 겨우살이는 독성이 있으므로 이용 시에 주의하여야 한다.

- 겨우살이는 예방과 치료를 동시에 하는 약초로, 여러 가지 암증과 당뇨병·고혈압·근육통 등에 치료 효과가 있다.

줄기   알맞은 크기로 잘라서 말려 다리거나 말려서 담금

재료   겨우살이 전초 300g, 담금주용 소주(35도) 3.3L
채취   기생하는 나무의 잎이 지고 난 겨울에 채취한다.

❶ 채취한 겨우살이의 전초를 이용한다.
❷ 살짝 씻어 푸른색을 유지할 수 있도록 그늘에서 말린다.
❸ 유리병에 재료를 넣고 35도 이상의 소주를 부은 후 밀봉한다.
❹ 담금 3개월이 지나면 음용이 가능하지만, 오랫동안 숙성시켜 마시면 더욱 맛이 부드럽다.

:: **복용법**   취침 전 소주잔으로 한 잔 정도를 꾸준히 복용한다.
:: **주의점**   겨우살이의 종류는 매우 다양하며 기생하는 나무에 따라서 그 효능이 달라지므로, 약재상에서 구입할 때에는 반드시 어느 나무에서 자란 것인지 확인하고 질병의 증세에 맞게 써야 한다.

동백나무잎 사이의 동백겨우살이

살아가면서 힘든 일이 닥칠 때도 있지요.
좁은 마음으로 바라보면 나만 힘들다 생각되고
넓고 큰마음으로 생각해보면
다른 사람들도 다 겪었던 일일 수도 있습니다.
모든 것을 순리로 받아들이고
잘 이겨나갈 수 있는 지혜를 배워보고자 합니다.

남부해안가의 해풍을 맞고 자라는 동백겨우살이입니다.
동백겨우살이를 채취 후 잘 말려
담금주를 완성해 봅시다.

건조시킨 동백겨우살이

동백겨우살이주 백기생

동백나무에 기생하여 자라며, 따뜻한 지방에서 해풍을 맞으며 성장한다. 다시마 또는 미역과 비슷한 맛을 낸다.
❀ 여러 가지 암에 대한 저항력을 키우며, 신장과 간장의 기능을 보호한다. 또 비만과 변비를 막고, 혈액의 흐름을 원활하게 하여 피로를 회복시킨다.

겨우살이 말려서 다리거나 말려서 담금

재료 (작은 병 기준으로)겨우살이 30g, 담금주용 소주(35도) 0.9L

채취 겨울에 동백나무에 기생하는 겨우살이를 채취한다.

❶ 동백나무의 겨우살이를 채취한다.
❷ 흐르는 물에 살짝 씻어 모양이 변하지 않게 그늘에서 말린다.
❸ 유리병에 재료를 넣고 35도 이상의 소주를 부은 후 밀봉한다.
❹ 담금 3개월이 지나면 음용이 가능하지만, 오랫동안 숙성시켜 마시면 맛이 부드럽다.

:: **복용법** 취침 전 소주잔으로 한 잔 정도를 꾸준히 복용한다.
:: **주의점** 적당한 양을 복용하면 혈액순환을 돕는 좋은 효능을 기대할 수 있지만, 지나치면 위와 간을 해칠 수 있다.

야생의 노봉방(위)과 채취한 노봉방(아래)

더위가 기승을 부릴 때는 말벌들의 활동도 왕성하지요.
말벌들이 무서워 피하는 사람도 있지만
반대로 찾아나서는 이들도 있음을 기억하세요.
벌들과 애벌레가 가득한
노봉방(말벌집)을 채취하여 담금주를 시작해 봅니다.

노봉방주 말벌집

말벌집은 노봉방이라하여 귀하게 쓰이는 한국 전통의 민간요법 약재료이다.

* 노봉방(말벌집)은 기관지염과 기관지천식, 당뇨병과 간기능 개선, 유방염증과 유방암·중풍·각종 신장염·뱃속 염증·종창통증 치료에 탁월한 효과가 있다.

재료 (작은병 기준)애벌레가 든 벌집 400g, 담금주용 소주 (35도) 1.6L

채취 애벌레가 많은 여름에서 가을사이에 벌집 전체를 채취

❶ 애벌레가 많은 시기인 여름에서 가을 사이에 벌집 전체를 채취한다.
> **TIP** 낮에는 말벌들의 활동이 왕성하여 위험할 수 있으니, 안전을 위해 방어복장을 완전히 갖춘다. 보통 말벌들의 활동이 없는 밤 시간을 이용하여 채취하는 것이 좋다.

❷ 말벌들이 살아있을 때 술병에 담금을 하는 것이 좋은데, 위험하다면 냉동실에서 잠시 기절시킨 후 병에 담금하고 벌들이 살아날 때쯤 술을 붓는다.

❸ 유리병에 재료를 넣고 35도 이상의 소주를 부은 후 밀봉한다.
> **TIP** 애벌레가 많을 때에는 변질의 우려를 없애기 위해 더욱 높은 도수의 술을 이용하여 담근다.

❹ 담금 3개월이 지나면 음용이 가능하지만, 오랫동안 숙성시켜 마시면 더욱 맛이 부드럽다.

:: **복용법** 취침 전 소주잔으로 한 잔 정도를 꾸준히 복용한다.
:: **주의점** 노봉방주를 복용할 때는 적당량을 먹는 것이 안전하다. 노봉방의 정유성분에는 독성이 있는데, 독성이 강하여 과량 복용시에는 급성 신장염을 일으킬 수 있으므로 기혈이 허약한 사람은 신중히 복용해야 한다.

죽은 곤충에서 나오는
동충하초

여름에 발견할 수 있는 동충하초

이것도 하고 싶고 저것도 해야 되는데
마음은 자꾸만 산으로만 향합니다.
마음이 가는 곳에 몸이 따라가고 있습니다.

여름날에 더위를 즐기며 떠난 산행길에서 만난
반가운 동충하초입니다.
언제봐도 신비한 동충하초.
조심스레 채취하여 술에 담금해 봅니다.

동충하초주

겨울에는 '벌레' 속에 있다가 여름에는 '풀'이 되어 나온다는 의미에서 '동충하초'라고 한다. 거의 대부분의 곤충에서 볼 수 있다. 곤충의 체내로 균이 들어가 곤충 속의 영양분을 흡수하면 균사가 만들어지는데, 곤충의 몸 전체가 흰색의 균사로 채워지면 곤충의 몸은 전혀 부패하지 않고 원상태 그대로 보존된다.

동충하초는 피로를 회복하고 면역력을 증강시키며, 스트레스 억제에 좋은 효능을 보인다. 또한 폐병 치료와 간 보호 및 항암의 효과가 있다.

| 전초 | 말려서 다리거나 말려서 담금, 또는 말려서 분말로 이용 |

재료 동충하초 10g, 담금주용 소주(35도) 0.6L
채취 죽은 곤충에서 나오는 버섯을 보고 여름에 채취한다.

❶ 죽은 곤충에서 나오는 버섯을 보고 채취한다.
❷ 곤충에서 버섯이 떨어지지 않게 흐르는 물에 살짝 씻어 그늘에서 말린다.
❸ 유리병에 재료를 넣고 35도 이상의 소주를 부은 후 밀봉한다.
❹ 담금 3개월이 지나면 음용이 가능하지만, 오랫동안 숙성시켜 마시면 맛이 부드럽다.

:: **복용법** 취침 전 소주잔으로 한 잔 정도를 꾸준히 복용한다.
:: **주의점** 표면에 여러 가지 이물질과 기생충이 있을 수 있기 때문에 이용 시에는 반드시 깨끗하게 씻는다. 그렇다고 너무 오래 세척하면 영양분이 많이 유실되므로 짧은 시간 내에 손질을 마치도록 한다.

● 산꾼의 약초방

하루 종일 산을 헤매고 다녀도 지치지 않고, 약초 한 뿌리 만나지 못하는 날에도 감사할 수 있음은 몸과 마음이 건강하기 때문입니다. 오늘을 살아가는 우리는 예전에 비해 너무나도 많은 음식을 섭취하며 그에 따른 여러 가지 질병에 시달리고 있습니다. 이런 때에는 어떤 새로운 보약보다 우리 몸에 쌓인 화학성분과 유해물질을 배출시키고 분해시킬 수 있는 토종약초의 역할이 절실히 필요합니다.

'병이 있으면 약이 있기 마련' 이라는 말이 있습니다. 늘 자연과 가까이하여 몸과 마음의 건강을 지속하기를 바라며, 우리 땅에서 자라는 토종약초들로 세상에 건강을 전달할 수 있는 건강전도사가 되도록 노력하겠습니다.

산꾼 김태숙

산꾼의 약초방 에는 산삼, 상황버섯, 동충하초, 하수오, 산도라지, 산더덕, 잔대 등 각종 약초로 담근 토종약초주 600여 병이 전시되어 있습니다. 이 밖에 야생의 약초를 이용해 만든 차와 효소, 장아찌 등과 질병의 증세에 따라 처방된 산약초환도 다양하게 준비되어 있습니다.

경남 창원시 의창구 사림동 14-10번지 〈산꾼의 약초방〉 055) 264-8496, 010) 2259-8496

상담 및 문의

- 홈페이지   http://산꾼의약초방.kr
- 네이버 블로그   산꾼의 약초방 http://blog.naver.com/te8496
- 다음 블로그   산꾼의 약초방 http://blog.daum.net/te8496
- 다음 카페   산꾼의 약초방 http://cafe.daum.net/te8496